50 Jahre GVL
50 Jahre kollektive Rechtewahrnehmung
der Leistungsschutzrechte

Schriften zum europäischen Urheberrecht

EurUR 10

Schriften zum europäischen Urheberrecht

Herausgegeben von

Prof. Dr. Karl-Nikolaus Peifer, Köln
Prof. Dr. Karl Riesenhuber, M.C.J., Bochum

EurUR
Band 10

De Gruyter

50 Jahre GVL

50 Jahre kollektive Rechtewahrnehmung der Leistungsschutzrechte

Herausgegeben von

Tilo Gerlach und Guido Evers

De Gruyter

ISBN 978-3-11-024887-6
e-ISBN 978-3-11-024888-3

Bibliografische Information der Deutschen Nationalbibliothek

Die Deutsche Nationalbibliothek verzeichnet diese Publikation in der Deutschen Nationalbibliografie; detaillierte bibliografische Daten sind im Internet über http://dnb.d-nb.de abrufbar.

Druck: Hubert & Co. GmbH & Co. KG, Göttingen
♾ Gedruckt auf säurefreiem Papier

Printed in Germany

www.degruyter.com

Liebe Leser,

der Tagungsband enthält Beiträge, die auf dem Symposium mit dem Titel „Was ihr wollt“ gehalten wurden. Das Symposium wurde von Herrn Dr. Gerlach und mir im Herbst 2009 aus Anlass des 50jährigen Geburtstages der GVL durchgeführt. Das Institut für gewerblichen Rechtsschutz und Urheberrecht hatte gemeinsam mit der GVL ausübende Künstler, Praktiker und Urheberrechtswissenschaftler eingeladen. Dem Thema des Symposiums folgend wurden vor allem rechtspolitisch und dogmatisch interessante Probleme des internationalen und europäischen Schutzes der ausübenden Künstler diskutiert. Es wird in den Beiträgen kritisch hinterfragt, ob die urheberrechtliche Stellung der ausübenden Künstler im technologischen Zeitalter des Internets und der Digitalisierung noch zeitgemäß ist. Einige Beiträge im Tagungsband gehen dieser Frage nach und bieten Lösungswege an. Dabei spielen naturgemäß die Rechte der ausübenden Künstler und die GVL als deren Verwertungsgesellschaft eine besondere Rolle, aber auch die Rechte der Tonträgerhersteller, die die GVL ebenfalls wahrnimmt.

Die Urheberrechtswissenschaft fühlt sich verpflichtet, neben den Urhebern den Künstlern einen besonderen Schutz angedeihen zu lassen.

Einige Probleme lagen mir als ehemaligem ausübenden Künstler besonders am Herzen. Wenn ich die Position der Künstler einnehme und danach frage, warum die ausübenden Künstler urheberrechtlich z.B. hinsichtlich ihrer Rechte zu den Urhebern schlechter gestellt werden, kommt die Antwort: „Was ihr wollt. Die Künstler sind eben keine Urheber.“

Dabei wird völlig vergessen, dass die ausübenden Künstler wie die Urheber wesentlich zum wirtschaftlichen und kulturellen Reichtum der Gesellschaft beitragen.

Das Urheberrecht ist nicht aus der Interessenslage der Verwerter und der Nutzer zu erklären. Zunächst und in erster Linie stehen der Urheber und der ausübende Künstler im Zentrum rechtspolitischer und dogmatischer Überlegungen. Die digitale Revolution ändert daran nichts. Immer schon musste das Urheberrecht mit den technischen Erfindungen eine Ehe eingehen. Sie trugen zur Entstehung neuer nationaler und internationaler Märkte bei. Ich erinnere nur an die Google Problematik. Neue Geschäftsmodelle, die im Internet entstanden sind, weisen auf die wirtschaftliche Bedeutung hin. Die entfesselten Kräfte des Marktes im Interesse der Urheber und ausübenden Künstler zu zügeln, ist m.E. die eigentliche Aufgabe im 21. Jahrhundert. Die immer wieder betonte Legitimationskrise des Urheberrechts ist Ausdruck einer verunsicherten Urheberrechtswissenschaft. Gibt es sie aber wirklich? Sollten wir uns nicht auf die Wurzeln des Urheberrechts besinnen? Es war immer die Auseinandersetzung um ein persönlichkeitsrechtlich und vermögensrechtliches Modell des Schutzes der Urheber und der ausübenden Künstler. Hierin liegt der eigentliche tiefere Sinn des Urheberrechts. Dabei sind die Interessen der Verwerter und der Nutzer zu berücksichtigen. Ohne Werk oder künstlerische Leistung gibt es keine Verwertung und Nutzung durch die Allgemeinheit. Sie sind die „conditio sine qua non“ eines Marktes! Die Lösung der Probleme in einer digitalen Welt kann nicht nur national erfolgen. Wir brauchen ein Welturheberrecht, wie sich Joseph Kohler am Anfang des 20. Jahrhunderts auszudrücken pflegte. Dabei sind die Rechte der Kreativen zu stärken und die Möglichkeiten der Verwertung und Nutzung der Werke und künstlerischen Leistungen als Waren auszuloten. Welcher rechtspolitische und dogmatische Weg der richtige ist, kann nur gemeinsam zwischen der Urheberrechtswissenschaft und der Praxis festgestellt werden! Letztlich zeigt die Wirklichkeit, ob ein Irrweg vor uns liegt.

Einige Fragen wurden auf dem Symposium diskutiert, die auch im Rahmen der Richtlinienpolitik der EU künftig von Bedeutung sein können.

Ist die Forderung, die Rechte der ausübenden Künstler an die der Urheber anzugleichen, eine realistische? Sollte nicht der Anspruch auf angemessene Vergütung für unbekannte Nutzungsarten auch für ausübende Künstler gelten? Ist die mögliche Erhöhung der Schutzfrist der ausübenden Künstler ein Vorteil? Hat das bisher geregelte kollektive Vergütungssystem im Urheberrecht eine Chance? Ist nicht das Bearbeiterurheberrecht, das am Anfang des 20. Jahrhunderts existierte, für die Künstler ehrlicher als die überkommene Rechtsstellung? Lebt ein Werk nicht erst durch die Gestaltung eines Künstlers? Ist seine geistige Arbeit nicht mehr als nur Interpretation?

Welche Rolle sollte die Verwertungsgesellschaft (GVL) künftig bei der Durchsetzung der Vergütungsansprüche spielen? Ist der Tonträger zum Tode verurteilt, weil das Internet entstanden ist?

Sind ius cogens Regelungen im Urhebervertragsrecht obsolet?

Ist ein weltweites Schutzrecht der Künstler erforderlich, das über das ROM-Abkommen und dem WIPO-Vertrag von 1996 hinausgeht?

Diese und andere Fragen werden in den Beiträgen des Tagungsbandes behandelt. Da die nächste Reform des Urheberrechts ansteht (Korb III), sollten besonders die Rechte der Künstler berücksichtigt werden. Mögen von den Beiträgen genügend Impulse ausgehen, um den ausübenden Künstler in seiner Rechtsstellung zu stärken.

Artur-Axel Wandtke

Vorwort

Die über Jahrzehnte stabile Welt der Verwertungsgesellschaften ist seit einiger Zeit in Bewegung geraten. Ausgelöst durch die Online-Musikempfehlung der EU-Kommission und die Forderung nach mehr Wettbewerb haben die Urheberverwertungsgesellschaften für Musik das wichtige US-amerikanische Repertoire verloren. Die EU-Kommission erwägt gegenwärtig, die kollektive Rechtewahrnehmung durch Verwertungsgesellschaften in Europa zu harmonisieren. Vor diesem Hintergrund bildete das fünfzigjährige Jubiläum der deutschen Verwertungsgesellschaft für ausübende Künstler, Tonträgerhersteller und Veranstalter, der „Gesellschaft zur Verwertung von Leistungsschutzrechten (GVL)“ Anlass für eine Bilanz und Analyse des Erreichten und den Austausch über die Erwartungen der unterschiedlichen Beteiligten. Dies fand statt im Rahmen eines Symposiums des Instituts für gewerblichen Rechtsschutz und Urheberrecht der Humboldt-Universität zu Berlin im Herbst 2009 mit dem Titel „Was Ihr wollt“. Der vorliegende Band vereinigt die überarbeiteten Beiträge. Sie reichen von einem Rückblick des GVL-Beiratsmitgliedes, Komponisten und Dirigenten Peter Ruzicka über eine Analyse der Situation deutscher Verwertungsgesellschaften im Europäischen Wettbewerb des Direktors des Max-Planck-Instituts für Geistiges Eigentum Josef Drexl bis zu den Erwartungen, die ausübende Künstler, dargestellt durch Claudia Rossbach, Tonträgerhersteller, dargestellt durch Martin Schaefer und Nutzer, dargestellt durch den Justitiar des ZDF Eugen Eberle, an die GVL haben. Geht es um das Selbstverständnis von Verwertungsgesellschaften, so dürfen die kulturellen und sozialen Förderungen, die sie leisten, nicht unerwähnt bleiben. Daher wird auch dieser Aspekt aus der Sicht des Generalsekretärs des Deutschen Musikrats e.V. Christian Höppner beleuchtet.

Als Mitveranstalter und Geschäftsführer der GVL möchten wir besonders Artur Wandtke danken für den Anstoß zu dem Symposium und sein Geleitwort. Als ehemaliger Balletttänzer, die auch der GVL angehören, weiß er aus eigener Erfahrung um die schwierige Situation ausübender Künstler und hat ihnen auch als Hochschullehrer immer eine Stimme gegeben. Unser Dank gilt auch den Herausgebern der „Schriften zum Europäischen Urheberrecht“ Karl Riesenhuber und Karl-Nikolaus Peifer für die Aufnahme dieses Tagungsbandes in die Reihe.

Berlin im Dezember 2010 — *Tilo Gerlach und Guido Evers*

Inhaltsverzeichnis

Abkürzungsverzeichnis

AEUV	Vertrag über die Arbeitsweise der Europäischen Union
AGICOA	Association for the International Collective Management of Audiovisual Works
BGB	Bürgerliches Gesetzbuch
BGH	Bundesgerichtshof
BVMI	Bundesverband Musikindustrie e.V.
CELAS	Centralised European Licensing and Administrative Service
CISAC	International Confederation of Societies of Authors and Composers
DEMUV	Deutscher Musikerverband
DOV	Deutsche Orchestervereinigung e.V.
EBU	Europäische Rundfunkunion
EuGH	Europäischer Gerichtshof
GATS	General Agreement on Trades and Services
GEMA	Gesellschaft für musikalische Aufführungs- und mechanische Vervielfältigungsrechte
GVL	Gesellschaft zur Verwertung von Leistungsschutzrechten mbH
IFPI	International Federation of the Phonographic Industry
LUG	Gesetz betreffend das Urheberrecht an Werken der Literatur und der Tonkunst (1901)
PAECOL	Pan-European Central Online Licensing
PEDL	Pan-European Digital Licensing
UNESCO	United Nations Educational, Scientific and Cultural Organization
UrhG	Gesetz über Urheberrecht und verwandte Schutzrechte (Urheberrechtsgesetz, 1965)
UrhWG	Gesetz über die Wahrnehmung von Urheberrechten und verwandten Schutzrechten (Urheberrechtswahrnehmungsgesetz) vom 9. 9. 1965, zuletzt geändert durch Gesetz vom 26. 10. 2007 (BGBL I S. 2513)
UWG	Gesetz gegen den unlauteren Wettbewerb
ZDF	Zweites Deutsches Fernsehen

§ 1 50 Jahre GVL – Rückblick und Ausblick

*Peter Ruzicka**

Übersicht

I. Entwicklung des Leistungsschutzrechts

Dass die GVL erst im Jahre 1959 gegründet wurde, ist eigentlich erstaunlich, denn der Gedanke, dass nicht nur der Urheber des Schutzes der Rechtsgemeinschaft bedarf, sondern auch derjenige, der das geschaffene Werk dem Publikum vermittelt, also die Verbreitung erst möglich macht, dass also auch der „nachschaffende" Künstler nicht rechtlos ist, ist wesentlich älter.

Hier ist nicht der Raum, durch die Jahrhunderte der Rechtsgeschichte zu gehen, bis es letztlich zu der gesetzlichen Ausformung des Leistungsschutzrechtes gekommen ist. Einige wenige Bemerkungen sollen aber verdeutlichen, mit welchen Widerständen die Gründer der GVL und ihre geistigen Vorläufer zu kämpfen hatten.

Zu Beginn des vorigen Jahrhunderts – im Jahr 1908 – fand die Revisionskonferenz der Berner Übereinkunft in Berlin statt. In der Folge sah sich der damalige Gesetzgeber veranlasst, durch eine umfangreiche Novelle das erst wenige Jahre zuvor im

---

* Prof. Dr. Dr. h.c., der Verfasser ist neben seinen Tätigkeiten als Komponist und Intendant auch Dirigent und als solcher seit mehr als 30 Jahren Wahrnehmungsberechtigter der GVL.

Jahr 1901 geschaffene LUG, das „Gesetz betreffend das Urheberrecht an Werken der Literatur und der Tonkunst", den Beschlüssen dieser Konferenz anzupassen.[1] Notwendig war dies insbesondere, weil die damals aufkommenden technischen Möglichkeiten, Werke zu reproduzieren und wiederzugeben, einer rechtlichen Regelung bedurften.

Schon damals also waren es Technologie und Marktgegebenheiten, die den Gesetzgeber zum Handeln zwangen. Es lohnt, diesen Umstand dem kollektiven Gedächtnis in Erinnerung zu rufen.

Mit der Novelle von 1910 wurde unter anderem das Recht des Urhebers auf die Übertragung seines Werkes auf Tonträger anerkannt und das Verfilmungsrecht[2] hielt Einzug in das Gesetz.[3]

In § 2 des novellierten Gesetzes wurde dem ausübenden Künstler ein fiktives Bearbeiter-Urheberrecht zugebilligt. Wörtlich hieß es: „Wird ein Werk der Literatur und Tonkunst durch persönlichen Vortrag auf Vorrichtungen übertragen, die der mechanischen Wiedergabe für das Gehör dienen, so steht die auf diese Weise hergestellte Vorrichtung einer Bearbeitung des Werkes gleich". Der Schutz knüpfte also nicht an den persönlichen Vortrag sondern an den körperlichen Aufnahmeträger an. Hieran wird deutlich, dass weniger das Schutzbedürfnis der ausübenden Künstler sondern das Interesse der mechanischen Industrie ausschlaggebend war, einen Schutz gegen Nachbildungen zu erhalten.

II. Josef Kohler und der Schutz des ausübenden Künstlers

Dass es diesen Schutz überhaupt gab, war maßgeblich Josef Kohler zu verdanken, der in seiner Schrift „Autorschutz des reproduzierenden Künstlers" von seiner bis dato ablehnenden Position zum Schutz der ausübenden Künstler abgerückt war. Kohler, von dem der Begriff „Immaterialgüterrecht" stammt, war einer der bedeutendsten Rechtslehrer seiner Zeit, der vielleicht auch deshalb so „künstlerfreundlich" war, weil er selbst eine künstlerische Ader hatte; er veröffentlichte Nachdichtungen von Werken von Dante Alighieri[4] und Francesco Petrarca[5], und sogar ein Theaterstück von ihm ist überliefert.[6]

Seinen Lehrstuhl hatte er an der Humboldt-Universität in Berlin, der damaligen Friedrich-Wilhelms-Universität, die die Durchführung des Symposiums zum 50. Jubiläum der GVL ermöglichte und ihren Senatssaal zur Verfügung stellte.

---

1 Gesetz zur Ausführung der Revidierten Berner Übereinkunft vom 22. 5. 1910 (RGBL S. 793).
2 § 12 Abs. 2 Nr. 6 LUG.
3 GRUR 1909, 230, 231; in Abkehr von „Urheberrecht an Schriftwerken und Verlagsrecht, 1907, 136 ff."
4 Freie Nachdichtung der Divine Commedia: Dantes heilige Reise, 1901 (3 Bde).
5 Aus Petrarcas Sonettenschatz: Freie Nachdichtungen, 1902.
6 Melusine: dramatische Dichtung in 3 Akten, 1896.

Dieses Bearbeiter-Urheberrecht war alles andere als befriedigend, und die Wissenschaft beschäftigte sich schon Ende der zwanziger Jahre mit der Schaffung eines eigenständigen Künstlerschutzes.[7] Zu einer gesetzlichen Normierung kam es allerdings noch nicht.

III. Die Rechtsprechung des Reichsgerichts zum Leistungsschutz

Auch die Rechtsprechung tat sich schwer, wobei allerdings zu erwähnen ist, dass das Reichsgericht 1936 in seiner Entscheidung „Schallplattenwiedergabe im Rundfunk" den ausübenden Künstlern, gestützt auf § 2 Abs. 2 LUG, einen Anspruch auf angemessene Vergütung für die Schallplattensendung zuerkannt hatte.[8] Das Gericht schrieb damals: " Nachschaffende Künstler, welche Schallplatten besingen oder bespielen, grundsätzlich schlechter zu stellen, liegt keine Ursache vor, weder wegen des Unterschieds zwischen „echtem Urheberrecht" und „bloßem Leistungsschutz" noch aus Rücksichten auf das Gemeinwohl." Keine Vergütungsansprüche – und zwar weder für Urheber noch für ausübende Künstler – sollten dagegen bestehen, wenn die Schallplattenübertragung durch Rundfunk öffentlich wiedergegeben wurde, also beim sogenannten „Kneipenrecht".[9]

IV. Erlöse der GVL

Mittlerweile hat auch dies sich erfreulicherweise geändert. Gut ein Viertel der Erlöse der GVL werden durch die Vergütungen aus der öffentlichen Wiedergabe aufgebracht.

Allerdings – und davon wird noch zu reden sein – ist in diesem Bereich immer noch erheblicher Handlungsbedarf gegeben, weil die Gleichwertigkeit der Vergütungen für Urheber und Leistungsschutzberechtigte noch nicht erreicht ist. So erhält die GVL bei der öffentlichen Wiedergabe von Tonträgern lediglich 20 Prozent des GEMA-Tarifes. Dies zu korrigieren ist eine der zentralen Aufgaben der nächsten Jahre, wobei zu hoffen ist, dass der Erfolg der Bemühungen nicht erst auf der Hundertjahrfeier der GVL zu vermelden sein wird.

V. Gründung der GVL

Die nächste Station auf dem auch heute noch nicht zu Ende gegangenen Weg zu einer angemessenen Berücksichtigung der Interessen der ausübenden Künstler ist

---

7 Näher: *Dünnwald/Gerlach*: Schutz des ausübenden Künstlers, Einl. Rn. 6–10.
8 RGZ 153,1 – Schallplattenwiedergabe im Rundfunk; abl. besprochen von *Hoffmann*, UFITA 10, 133 ff.
9 RGZ 136, 377 – Lautsprecherwiedergabe von Rundfunksendungen.

nicht etwa das Urheberrechtsgesetz aus dem Jahr 1965, sondern es ist die Gründung der GVL im Jahr 1959.

In jenem Jahr fanden sich die Deutsche Orchestervereinigung – die Gewerkschaft der Orchestermusiker, nebenbei bemerkt die Gewerkschaft mit dem höchsten Organisationsgrad überhaupt – und die Deutsche Landesgruppe der IFPI – der heutige Bundesverband Musikindustrie – zusammen und gründeten für die gemeinsame Wahrnehmung bestimmter Rechte bei Massennutzungen die Gesellschaft zur Verwertung von Leistungsschutzrechten – die GVL.

Dem gingen nicht unerhebliche Auseinandersetzungen zwischen der DOV auf der einen Seite und der Schallplattenindustrie bzw. den Rundfunkanstalten auf der anderen Seite voraus. Letztere befürchteten in einem eigenen Leistungsschutz für die ausübenden Künstler eine Einschränkung, frei über die von den Interpreten erbrachte Leistung verfügen zu können und hielten arbeitsvertragliche Regelungen für vollkommen ausreichend.[10]

Ermutigt durch das Bundesjustizministerium kam es zur Einigung zwischen DOV und IFPI, die dann in der gemeinsamen Gründung der GVL mündete. Gemeinsame Geschäftsführer wurden Hermann Voss für die DOV und Rudi Thalheim für die Deutsche Landesgruppe der IFPI.

VI. Die Grundsatzentscheidung des BGH

Die DOV und die Musikindustrie hatten parallel dazu noch unter dem alten LUG durch mehrere Musterprozesse wichtige Pflöcke für den künstlerischen Leistungsschutz einschlagen können. Auf ihr Betreiben hin setzte der BGH mit seinen vier Grundsatzentscheidungen zum Schutz des ausübenden Künstlers vom 31. 5. 1960 zukunftsweisende Maßstäbe.

In der Entscheidung „Künstlerlizenz Schallplatten", die einen Rechtsstreit betraf, der zwischen der GEMA und der IFPI geführt wurde – stellte er fest, dass das an die Hersteller abgetretene fiktive Bearbeiter-Urheberrecht der ausübenden Künstler auch das Sende- und das Aufführungsrecht umfasst.[11] Dem Argument, dass dadurch die Rechte der Werkschöpfer empfindlich beeinträchtigt würden, trat der BGH nachdrücklich entgegen und formulierte:

„Ist der Genuss eines Geisteswerkes von der Mittlertätigkeit Dritter abhängig, so ist es nur gerecht, wenn der Werkschöpfer sich mit ihm das wirtschaftliche Entgelt teilen muss."

Auch die anderen Entscheidungen des BGH vom Mai 1960 haben Grundsatzcharakter:

---

10 Begr. RegE, UFITA 45, 307.
11 BGH, NJW 1960, 2051 – Künstlerlizenz Schallplatten.

Im Falle „Orchester Graunke“ stellte der BGH fest, dass das Bearbeiter-Urheberrecht jedem einzelnen Orchestermusiker zusteht, da jeder einen eigenen persönlichen Vortrag erbringt.[12]

Besonders hervorzuheben aber ist die Entscheidung „Künstlerlizenz Rundfunk“.[13] Sie betraf die öffentliche Wiedergabe von Rundfunkübertragungen in Lokalen, also das „Kneipenrecht“, und wurde für die Mitglieder der Rundfunkklangkörper gegen die Gaststättenbetriebe geführt. Der BGH stellte fest, dass jedes Klangkörpermitglied das ausschließliche Recht habe, über die Nutzung zur öffentlichen Aufführung zu bestimmen und dieses Recht auch nicht an die Rundfunkanstalten abgetreten sei. Für die öffentliche Wiedergabe gesendeter Live-Darbietungen konnte der BGH mangels Aufnahmevorrichtung nicht auf § 2 Abs. 2 LUG zurückgreifen. Er stützte deshalb den Schutz auf das allgemeine Persönlichkeitsrecht, alternativ auf § 826 BGB und das UWG und zwar unter dem ausdrücklichen Hinweis darauf, dass es einen gesetzlichen Leistungsschutz des ausübenden Künstlers an der lebendigen Darbietung noch nicht gebe.

VII. Ausgestaltung im UrhG 1965

Der Weg war bereitet. Und der Gesetzgeber war bereit, ihn zu begehen. Das Ergebnis ist das Urheberrechtsgesetz von 1965. Im Vorfeld nutzte die GVL zusammen mit ihren Gesellschaftern DOV und IFPI in der Sachverständigenkommission des Justizministeriums ihren erstarkenden Einfluss und war aktiv an der Ausgestaltung des Leistungsschutzes beteiligt. So konnte erreicht werden, dass für die Fälle der Sendung von Tonträgern und der öffentlichen Wiedergabe von Tonträgern oder Sendungen, bei denen die vorhergehenden Entwürfe noch die Aufführungsfreiheit vorgesehen hatten, für die ausübenden Künstler eine angemessene Vergütung statuiert wurde.[14]

Nicht durchsetzen konnte sich jedoch die DOV mit der Forderung nach einem Verbotsrecht. Die Ablehnung wurde mit der Gefahr für eine wirtschaftliche Beeinträchtigung der Urheber begründet, falls die Künstler ihre Rechte zur Zurückdrängung der „Musikkonserven“ einsetzen würden.[15]

Dass diese Gefahr nicht von der Hand zu weisen war, verdeutlicht die seinerzeitige Haltung der DOV. Im Jahre 1952 hatte sie im zeitlichen Kontext der Abspaltung der DOV von der damaligen Demuv – dem Deutschen Musikerverband – folgenden Aufruf verschickt:

„Kollegen! Soll über uns mit dem Fernsehen dasselbe Schicksal kommen, das unsere Kollegen im Kino 1930 ereilte und der Rest bespielt dann „sendefähige Tonbän-

12 BGH, NJW 1960, 2055 – Orchester Graunke.
13 BGH, NJW 1960, 2048 – Künstlerlizenz Rundfunk.
14 Näher *Dünnwald/Gerlach*: Einleitung Rn. 25–30.
15 Begr. zum RefE, 192.

der“? Wir stehen heute auf dem Höhepunkt einer Auseinandersetzung, bei der es wie beim Tonfilm um Leben und Tod geht.“[16] Und weiter hieß es:

„30.000 Gaststätten würden wieder Musiker beschäftigen, wenn die gewerbliche Benutzung der Schallplatte eingeschränkt würde.“[17]

VIII. Bewährte Wahrnehmung der Rechte von Künstlern und Herstellern

1. Grundsatz des gemeinsamen Interesses

Festzuhalten ist jedenfalls, dass es trotz manchmal divergierender Interessen zu einer bis heute fünf Jahrzehnte dauernden durchsetzungsfähigen Verwertungsgesellschaft der Künstler und Tonträgerhersteller kam.

Bis heute hat offensichtlich der Verbund der gemeinsamen Interessen gehalten; die Gemeinsamkeiten waren stärker als das Trennende. Es ist zu hoffen, dass diese „Ehe“ von Künstlern und Herstellern hält. Bei bürgerlichen Verbindungen würde man nach fünfzig Jahren von einer „goldenen Hochzeit“ sprechen. Nach so langer Zeit gehen Verbindungen eher selten auseinander.

Die Partner Künstler und Hersteller sind gut beraten, sich hieran ein Beispiel zu nehmen.

2. Widerstände gegen den künstlerischen Leistungsschutz

Zu Beginn der Existenz GVL waren die Widerstände gegen die von ihr vertretenen Positionen nicht gering. Leider muss in diesem Zusammenhang daran erinnert werden, dass es gerade die Autoren waren – also eine eigentlich wesensverwandte Gruppierung –, die massiv gegen die von der GVL ins Spiel gebrachten Interessen auftraten. Der Grund war – wie immer – die Sorge um den eigenen Geldbeutel.

Befürchtet wurde, dass die wirtschaftliche Verwertung der Leistungsschutzrechte den Fortbestand oder zumindest die Entwicklung der eigenen Rechtsposition und damit deren finanzielle Früchte beeinträchtigen würde. Aus heutiger Sicht geradezu diffamierende Worte machten die Runde, gesprochen und geschrieben wurde von „Modekrankheit“ und „Fiebererscheinung“.[18] Die „Internationale Gesellschaft für Urheberrecht“ INTERGU veröffentlichte unter dem Patronat der GEMA und des BIEM eine ganze Reihe von Schriften prominenter Wissenschaftler, in denen die Notwendigkeit des künstlerischen Leistungsschutzes kategorisch verneint wurde.[19]

---

16 Aufruf vom 24. 11. 1952, abgedruckt in: „ 50 Jahre DOV, 1952–2002, Dokumente aus der Verbandsgeschichte, unveröffentlicht.“

17 S.o.

18 *Haensel*, UFITA 19, 15, 24, 27.

19 Näher *Dünnwald/Gerlach* Einleitung Rd. 23 m.w.N.

Im Endeffekt aber trug dieses Störfeuer eher dazu bei, das Ziel einer Durchsetzung der Künstler- und Herstellerrechte zu befördern. Druck von außen trägt in einer funktionierenden Partnerschaft immer zu einem größeren Zusammenhalt der Partner bei.

3. Von der GVL wahrgenommene Rechte

Erleichtert wurde diese Solidarität zudem dadurch, dass sich die GVL im Umfang ihrer Rechtewahrnehmung grundsätzlich auf die sogenannten Zweitverwertungsrechte beschränkt, also auf Vergütungsansprüche im Bereich von Massennutzungen, während der Bereich der Tonträgerproduktion – für die die GEMA ja die mechanischen Rechte für ihre Autoren wahrnimmt – weiterhin individuell wahrgenommen wird.[20]

Für die gemeinsame Wahrnehmung sprach außerdem, dass nach der im internationalen Rom-Abkommen gefundenen Regelung zur angemessenen Vergütung für die Sendung und öffentliche Wiedergabe von Tonträgern ein Anspruch von ausübenden Künstlern und Tonträgerherstellern nur gemeinsam geltend gemacht werden darf, um die Nutzer nur einem einzigen Anspruch auszusetzen.[21] Dadurch, dass die GVL diese Zweitverwertungsrechte auch für die Veranstalter wahrnimmt, ist gewährleistet, dass sämtliche an Tonträgern bestehenden Leistungsschutzrechte für das gesamte Repertoire von ein und derselben Gesellschaft vertreten werden.

Für den Gesetzgeber von 1965 war dabei wesentlich, dass die Berechtigten mit dem im Gesellschaftsvertrag der GVL verankerten Prinzip der hälftigen Teilung der Tonträgererlöse und deren unabhängiger Verteilung an ausübende Künstler und Tonträgerhersteller eine einvernehmlich getroffene Regelung der Verteilungsfragen vorweisen konnten.[22]

Bei der Ausgestaltung des Vergütungsanspruchs für die Sendung und öffentliche Wiedergabe von Tonträgern hat sich dann der deutsche Gesetzgeber im Urheberrechtsgesetz von 1965 dazu entschieden, diesen Anspruch den ausübenden Künstlern zu gewähren und die Tonträgerhersteller auf einen Beteiligungsanspruch gegenüber den ausübenden Künstlern zu verweisen.[23] Diese Entscheidung beruhte auf der Erwägung, „dem ausübenden Künstler für seine künstlerische Leistung den Vorzug vor dem Hersteller des Tonträgers zu geben, der nur eine – wenn auch hochqualifizierte – technische Leistung erbringt“.[24]

Neben der Tonträgersendevergütung, die weiterhin die wichtigste Einnahmequelle der GVL ist, hat der Gesetzgeber die im Rom-Abkommen statuierte Vergütung für die öffentliche Wiedergabe in das Urheberrechtsgesetz von 1965 aufgenom-

20 Näher dazu *Schaefer* 37 ff.
21 Art. 12 S. 1 Rom-Abkommen.
22 Begr. RegE UFITA 45, 315 zu § 97.
23 Begr. RegE, UFITA 45, 240, 315 zu § 96.
24 Begr. RegE, UFITA 45, 240, 315 zu § 96.

men.[25] Sie beschränkt sich allerdings nicht, wie im Rom-Abkommen vorgesehen, auf die öffentliche Wiedergabe von Tonträgern sondern erfasst auch alle Rundfunksendungen, also Rundfunkeigenproduktionen wie Konzertmitschnitte und Hörspiele, dazu auch alle im Fernsehen gesendeten Filme, dies übrigens unter ausdrücklicher Berufung auf das BGH-Urteil „Künstlerlizenz Rundfunk".[26]

Die GVL ist damit weit mehr als nur die Verwertungsgesellschaft für die musikalischen Leistungsschutzrechte, sie vertritt auch alle Wortkünstler wie künstlerische Sprecher, Schauspieler, Synchronsprecher, Synchronregisseure und Theaterregisseure.

Unter den annähernd 125.000 Künstlern, deren Interessen die GVL vertritt, beläuft sich die Zahl dieser „Wortkünstler", wie es im Sprachgebrauch der GVL heißt, auf fast 15.000.

IX. Änderungen des UrhG

Mittlerweile ist das Urheberrechtsgesetz aus dem Jahre 1965 mehrfach verändert worden.[27] Diese Veränderungen waren so umfangreich, dass man gezwungen war, sie in sogenannten „Körben" zusammenzufassen.[28] Aber nicht alles, was sich in diesen Körben wiederfand, war sinnvoll.

Dies gilt insbesondere für die jüngste Novellierung bei der Vergütung für die private Vervielfältigung. Für die GVL ist dieser Bereich von großer Bedeutung, schließlich trugen die damit verbundenen Vergütungsansprüche in der Vergangenheit zu gut 25 Prozent zu den Erlösen bei.

Der BGH hatte im Urteil „Grundig-Reporter" diesen Bereich bereits 1955 als ein auch den ausübenden Künstlern und Tonträgerherstellern zustehendes Ausschließlichkeitsrecht ausgestaltet, also noch vor dem Urheberrechtsgesetz von 1965.[29] In diesem Gesetz wurde es dann in eine vergütungspflichtige gesetzliche Lizenz umgewandelt. Anfangs waren dabei allerdings zunächst nur die Aufzeichnungsgeräte vergütungspflichtig. Erst 1985 wurden in die Vergütungspflicht auch Leerträger einbezogen, um die Belastung der Zahlungspflichtigen besser zu verteilen.[30] Gleichzeitig wurden feste Vergütungssätze in das Gesetz aufgenommenen, die dann allerdings über zwei Jahrzehnte unverändert blieben.

Der 2. Korb, dessen Inhalt seit Anfang des letzten Jahres Gesetz geworden ist, hat diese Systematik gründlich beseitigt. Nun soll eine für jeden Gerätetyp ein-

---

25 Begr. RegE, UFITA 45, 240, 310 zu § 87.

26 BGH, NJW 1960, 2048 – Künstlerlizenz Rundfunk.

27 Im einzelnen dazu: Schricker/Loewenheim-*Vogel*, Einleitung Rn. 118 ff.

28 Gesetz zur Regelung des Urheberrechts in der Informationsgesellschaft vom 10. 9. 2003, BGBl I, S. 2863: „erster Korb"; zweites Gesetz zur Regelung des Urheberrechts in der Informationsgesellschaft vom 26. 10. 2007, BGBl I, S. 2513: „zweiter Korb".

29 BGH, GRUR 1955, 492 – Grundig-Reporter.

30 Amtl. Begr. BT Drucks. 10/837, S. 17 ff.

zeln empirisch zu ermittelnde Vergütung an die Stelle der festen Sätze treten, eine Vergütung, die die Zahlungsverpflichteten nicht unzumutbar beeinträchtigen darf und die in einem wirtschaftlich angemessenen Verhältnis zum Preis stehen muss.

Das klingt nach einem vernünftigen Ausgleich, ist aber wohl eher ein Kompromiss nach der Definition von *Ambrose Bierce*: „Eine Regelung widersprüchlicher Interessen in der Weise, dass jedem Kontrahenten die Befriedigung zuteil wird, das bekommen zu haben, was ihm nicht zusteht, und nur dessen beraubt worden zu sein, worauf er billigerweise Anspruch hatte.“[31]

Die Folge dieses „Kompromisses“ ist, dass zwischen den Rechteinhabern einerseits und den Herstellern, Importeuren und Verkäufern von Geräten und Leermedien andererseits eine Vielzahl von Streitigkeiten ausgebrochen ist, die zwar als wohl leider langjährige Beschäftigungsförderungsmaßnahme für Gutachter, Anwälte und Gerichte einen gewissen Eigenwert besitzen wird, mitnichten aber dem Rechtsfrieden und schon gar nicht der Befriedigung der berechtigten und durchweg bescheidenen Ansprüchen der von der GVL und den anderen Verwertungsgesellschaften vertretenen Kreativen und deren technischer Unterstützer dient.

Dieses Szenario spielt sich ab vor dem Hintergrund der ständigen Leistungssteigerungen der Geräte und Speichermedien auf der einen Seite und des geradezu dramatischen Preisverfalles auf der anderen Seite.

„Eine Gesellschaft, die das geistige Eigentum nicht beschützt, ist keine wirklich freie Gesellschaft“, hat Roman Herzog formuliert.[32] Bedauerlich ist, dass ein großer Teil der in der Gesellschaft Verantwortlichen diese Freiheit für entbehrlich zu halten scheint. Mit den Regelungen zur privaten Vervielfältigung im 2. Korb jedenfalls hat der Gesetzgeber allen Beteiligten einen Bärendienst erwiesen, ungeachtet der Warnungen und Mahnungen, die ihm zur Verfügung standen.[33]

X. Resümee

Trotz dieser unerfreulichen Entwicklung können wir feststellen, dass grundsätzlich die Situation der GVL eine positive ist. Die fünf vergangenen Jahrzehnte waren für die GVL und für die von ihr vertretenen Künstler und Hersteller erfolgreich. Beide Gruppen sollten sich aber bewusst sein, dass nur die Gemeinsamkeit ihres Agierens in der Vergangenheit dazu geführt hat, dass der jetzige Zustand erreicht werden konnte. Die innere Stabilität der GVL und damit ihre Handlungsmöglichkeiten nach außen sind ein hohes Gut, das nicht durch Verteilungsauseinandersetzungen gefährdet werden darf.

---

31 *Ambrose Bierce*, Aus dem Wörterbuch des Teufels, „Kompromiss“, Zürich 1964.

32 *Herzog*, Bedeutung des geistigen Eigentums, in: Schlatter/Krüger, Internationales Urheberrechtssymposium München 1986, S. 68.

33 So u. a. die Stellungnahme der GVL zum Referentenentwurf vom 11. 11. 2004 – unveröffentlicht.

Im gleichen Maße wie im Binnenbereich bedarf die GVL – und bedürfen mit ihr die anderen Verwertungsgesellschaften – der Solidarität der Gesamtgesellschaft.

Diese Solidarität einzufordern wird aber nur dann erfolgreich sein, wenn alle Beteiligten sich der Gefährdung ihrer Position bewusst sind.

Fast prophetisch scheint es, wenn Josef Kohler – allerdings unter Missachtung jeglichen gender-mainstreamings – schon 1880 schreibt:

„Die Männer der Feder, wie die des Pinsels sind nur ein verhältnismäßig kleiner Teil der staatlichen Bevölkerung; dagegen Männer des Eigentums sind Alle. Alle sind durch die Eigentumsverletzung betroffen, der Staat handelt, wenn er dagegen eingreift, im Namen Aller. ... Umso mehr ist es Aufgabe der beim Autorrecht beteiligten Kreise, denen nicht dasselbe allgemeine Interesse entgegengebracht wird, durch unerbittliches systematisches Einschreiten gegen jede Verletzung ihrer Rechtssphäre die Autorität des Rechts zu wahren; und da nicht jeder Einzelne zum Einschreiten geeignet ist, so haben sich Genossenschaften gebildet, deren Beruf es ist, für Wahrung des Autorrechts Sorge zu tragen .... “[34]

Setzt man den heutigen Begriff „Verwertungsgesellschaften“ statt „Genossenschaften“ ein – hat man eine Beschreibung der Gegenwart. Und was die Handlungsbereitschaft des Staates anbelangt, so sei auf die Weisheit unserer Politiker und ihres unerschöpflichen Korblagers gehofft!

---

34 *Kohler*, Das Autorrecht, eine zivilistische Abhandlung, 1880, S. 312.

§ 2 Deutsche Verwertungsgesellschaften im europäischen Wettbewerb

*Josef Drexl**

Übersicht

I. Einführung

Die Frage nach dem Verhältnis von kollektiver Verwertung und Wettbewerb ist beileibe kein neues Thema. Vor allem auf europäischer Ebene hat das faktische und – in manchen Mitgliedstaaten (Italien, Österreich, Ungarn und der Slowakei) sogar rechtlich verbürgte – Verwertungsmonopol der nationalen Verwertungsgesellschaften schon sehr früh zur Anwendung des europäischen Kartellrechts geführt.[1] Neben den Praktiken der französischen und belgischen Verwertungsgesellschaften haben gerade auch jene der im Musikbereich tätigen deutschen Verwertungsgesellschaften – also der GEMA und der GVL – schon ab den 1970er Jahren Anlass zum Eingreifen gegeben.[2] In seinem Kern besteht das heutige „europäische Wahrnehmungsrecht" gerade in dieser Anwendung des Kartellrechts. Hieran wird sich auch nichts ändern, solange es nicht zu einer konsistenten sekundärrechtlichen

---

* Prof. Dr. jur., LL.M. (Berkeley), Direktor des Max-Planck-Instituts für Immaterialgüter und Wettbewerbsrecht, München, Honorarprofessor der Universität München.

1 Siehe zusammenfassend etwa *Mestmäcker/Schweitzer*, Europäisches Wettbewerbsrecht, 2. Aufl. 2004, § 30; *Pickrahn*, Verwertungsgesellschaften nach deutschem und europäischem Kartellrecht, 1996, S. 101 ff.; *Wünschmann*, Die kollektive Verwertung von Urheber- und Leistungsschutzrechten nach europäischem Wettbewerbsrecht, 2000.

2 Siehe EuGH v. 2. März 1983, Rs. 7/82, *GVL gegen Kommission*, Slg. 1983, 483; Kommissions-Entscheidung v. 2. Juni 1971, Rs. *GEMA I*, ABl. 1971 L 134/15; v. 6. Juli 1972, Rs. *GEMA II*, ABl. 1972 Nr. L 166/22.

Regelung der kollektiven Wahrnehmung durch den europäischen Gesetzgeber kommt.

Normativ lässt sich nicht ernsthaft bezweifeln, dass das Handeln der Verwertungsgesellschaften im Einklang mit den Grundsätzen der Wettbewerbsordnung, so wie sie insbesondere durch das europäische Kartellrecht geschützt wird, zu stehen hat. Trotzdem steht die Frage nach dem Verhältnis von kollektiver Verwertung und Wettbewerb im Zentrum der gegenwärtig intensiv geführten Debatte, wie es denn mit dem Wahrnehmungsrecht auf europäischer Ebene weitergehen soll. Diese Debatte wurde in den letzten Jahren vor allem von der Entwicklung der Online-Rechteverwertung im Musikbereich bestimmt. Zuerst tätig geworden sind hier aber bezeichnender Weise die Verwertungsgesellschaften selbst, die vor gut 10 Jahren zur Überzeugung gelangt waren, dass das traditionelle Modell der territorialen Lizenzierung nicht den Anforderungen des Internet-Zeitalters mit der grundsätzlich weltweiten Abrufbarkeit von Online-Inhalten entspricht. Grundsätzlich sollte den Nutzern ermöglicht werden, durch den Erwerb einer Mehrstaatenlizenz Zugang zum Weltrepertoire zu erlangen (sog. One-Stop-Shop). Die Verwertungsgesellschaften, die die Rechte der Tonträgerhersteller und der Interpreten wahrnehmen, verwirklichten dieses Ziel durch das sog. IFPI Simulcasting Agreement, einem neuem Muster für bilaterale Gegenseitigkeitsabkommen, die einer jeden Verwertungsgesellschaft erlauben sollen, auch das Repertoire der Partnergesellschaften grenzüberschreitend zu lizenzieren.[3] Die Gesellschaften, die die Rechte der Urheber verwalten, hatten zunächst Ähnliches im Rahmen des Santiago sowie des Barcelona Agreements vor. Diese Mustervereinbarungen unterschieden sich jedoch vom IFPI Simulcasting Agreement in einem wesentlichen Punkt; anders als letzteres erlaubten sie dem Nutzer nicht die freie Wahl der lizenzierenden Gesellschaft, sondern zwangen diesen, die grenzüberschreitende Mehrstaatenlizenz von der Gesellschaft des eigenen Sitzstaates zu erwerben (sog. *economic residence clause*). Dieser Unterschied bewegte die Europäische Kommission, das IFPI Simulcasting Agreement vom europäischen Kartellverbot freizustellen,[4] während gegen die Musikautoren-Gesellschaften ein Verfahren wegen Verletzung von ex-Art. 81 Abs. 1 EG (jetzt Art. 101 Abs. 1 AEUV) eingeleitet wurde.[5]

So weit so gut, könnte man sagen, hätten die Musikautoren-Gesellschaften nicht ihre Vereinbarungen ersatzlos zum Ende 2004 auslaufen lassen und damit der Binnenmarktkommission, die zu jenem Zeitpunkt gerade über eine sekundärrechtliche Regelung des Wahrnehmungsrechts nachdachte,[6] Anlass gegeben, die

---

3 Siehe hierzu *Bortloff*, Internationale Lizenzierung von Internet-Simulcasts durch die Tonträgerindustrie, GRUR Int. 2003, 669. Dieses zunächst auf das Simulcasting (gleichzeitig mit der terrestrischen Ausstrahlung erfolgende Internet-Ausstrahlung) beschränkte Abkommen wurde später auf das Webcasting (reine Internet-Ausstrahlung) ausgedehnt.

4 Kommissions-Entscheidung v. 8. 10. 2002, COMP/C2/38.014 – *IPFI „Simulcasting"*, ABl. 2003 Nr. L 107/38.

5 Pressemitteilung der Kommission v. 3. Mai 2004, IP/04/586, http://ec.europa.eu/competition/elojade/isef/case_details.cfm?proc_code=1_38126 (zuletzt abgerufen am 30. 4. 2010).

6 Siehe Mitteilung der Kommission vom 16. April 2004 – Die Wahrnehmung von Urheberrechten und verwandten Schutzrechten im Binnenmarkt, KOM(2004) 261 endg.; dazu *Riesenhuber/von Vogel*,

Initiative zur sog. Online-Musikrechte-Empfehlung zu ergreifen,[7] die in der Folge die Landschaft der kollektiven Verwertung in Europa grundsätzlich erschüttern sollte.[8] Darin propagiert die Kommission ein neues Verwertungsmodell, das erklärtermaßen eine Stärkung des Wettbewerbs der Verwertungsgesellschaften um die Rechteinhaber verfolgt und daher besonders dem Wettbewerbsgedanken verpflichtet zu sein scheint. In der Folgezeit zeigte sich jedoch, dass vor allem die Major-Musikverlage (EMI, Warner Chappell, Universal Music, Sony Music) dem Aufruf der Kommission folgten, ihre Repertoires aus dem traditionellen Verwertungsmodell, das auf Gegenseitigkeitsverträgen fußt, zurückzogen und mit einzelnen großen Verwertungsgesellschaften über eine europäische Zentrallizenzierung ihres Repertoires verhandelten.[9] Als erstes dieser Modelle wurde schließlich CELAS implementiert, das auf einem Joint Venture der GEMA und der britischen PRS beruht und ausschließlich der Lizenzierung des Repertoires der EMI dient.[10]

Damit nicht genug: Im Jahre 2008 hat schließlich die Europäische Kommission in der CISAC-Entscheidung nun auch die grenzüberschreitende Wahrnehmung nach

---

Europäisches Wahrnehmungsrecht – Zur Mitteilung der Kommmission über die Wahrnehmung von Urheberrechten und verwandten Schutzrechten im Europäischen Binnenmarkt, EuZW 2004, 519; *Reinbothe*, Rechtliche Perspektiven für Verwertungsgesellschaften im Europäischen Binnenmarkt, ZUM 2003, 27.

7 Empfehlung der Kommission vom 18. Oktober 2005 über die länderübergreifende kollektive Wahrnehmung von Urheberrechten und verwandten Schutzrechten, die für legale Online-Musikdienste benötigt werden, ABl. 2005 Nr. L 276/54 (Datum berichtigt durch ABl. 2005 Nr. L 284/10). Die Politik der Kommission wird erklärt durch ein die Empfehlung begleitendes Impact Assessment; siehe Commission Staff Working Document vom 11. Oktober 2005, Impact Assessment reforming cross-border collective management of copyright and related rights for letigimate online music services, SEC(2005) 1254 = http://ec.europa.eu/internal_market/copyright/docs/management/sec_2005_1254_en.pdf (zuletzt abgerufen am 30. April 2010).

8 Die Empfehlung ist nahezu durchgehend auf große Kritik gestoßen; siehe etwa *Drexl*, Auf dem Weg zu einer neuen europäischen Marktordnung der kollektiven Wahrnehmung von Online-Rechten der Musik? – Kritische Würdigung der Kommissionsempfehlung vom 18. Oktober 2005, in: Riesenhuber (Hrsg.), Wahrnehmungsrecht in Polen, Deutschland und Europa, 2006, S. 193; *ders.*, Das Recht der Verwertungsgesellschaften in Deutschland nach Erlass der Kommissionsempfehlung über die kollektive Verwertung von Online-Musikrechten, in: Hilty/Geiger (Hrsg.), Impulse für eine europäische Harmonisierung des Urheberrechts – Urheberrecht im deutsch-französischen Dialog, 2007, S. 369; *M.M. Schmidt*, Die kollektive Verwertung der Online-Musikrechte im Europäischen Binnenmarkt, MMR 2005, 783. Für eine Verteidigung der Kommissionspolitik siehe deren Mitarbeiter *Lüder*, First Experience With EU-wide Online Music Licensing, GRUR Int. 2007, 649; dagegen eher zurückhaltend *Majer*, Handlungsoptionen für EU-Politik im Bereich der Verwertungsgesellschaften, in Riesenhuber (Hrsg.), a. a. O., S. 147.

9 Siehe *Alich*, Neue Entwicklungen auf dem Gebiet der Lizenzierung von Musikrechten durch Verwertungsgesellschaften in Europa, GRUR Int. 2008, 996.

10 Siehe www.celas.eu. Nach einem noch nicht rechtskräftigen Urteil des LG München I v. 25. Juni 2009, ZUM 2009, 788 – Mechanische Rechte im Online-Bereich, ist fraglich, ob dieses Verwertungsmodell jedenfalls für Lizenzen für das deutsche Territorium noch durchführbar ist. In dieser Entscheidung hat das Gericht die Aufspaltung des Online-Rechts in ein Aufführungsrecht und ein mechanisches Vervielfältigungsrecht, wie es jedoch dem System der kollektiven Verwertung in den USA und Großbritannien entspricht, als unvereinbar mit dem deutschen Urheberrecht angesehen. Offen gelassen hat das Gericht, ob CELAS eine Verwertungsgesellschaft i. S. des UrhWG ist; bejahend *Hoeren/Altemark*, Musikverwertungsgesellschaften und das Urheberrechtswahrnehmungsgesetz, GRUR 2010, 16.

dem traditionellen Modell mit territorialer Beschränkung auf der Grundlage des CISAC-Mustervereinbarung für die drei Bereiche des Musikvertriebs über Internet, Satelliten- und Kabelfernsehen als kartellrechtswidrig eingestuft.[11] Obwohl die Entscheidung auf der Linie jener zum IFPI Simulcasting Agreement liegt,[12] haben die CISAC und eine Reihe von Einzelgesellschaften Klage zum EuG erhoben.[13] Dabei mutet es schon sehr widersprüchlich an, dass einige Gesellschaften, wie die GEMA, dieses Modell der territorialen Lizenzierung im Online-Bereich verteidigen, im Rahmen von Kooperationen mit den Major-Musikverlagen für deren Repertoire aber bereits zur Zentrallizenzierung übergegangen sind.

Insgesamt lässt sich vor allem im Hinblick auf die Online-Musikrechte-Empfehlung ein dramatisches Scheitern der Kommissionspolitik feststellen. Kritik hat sie sich vor allem vom Europäischen Parlament zugezogen. Dieses hatte schon im sog. Echerer-Bericht und einer nachfolgenden Entschließung aus dem Jahre 2004 die Kommission aufgefordert, einen Rechtsakt zur Schaffung eines einheitlichen Rechtsrahmens für die kollektive Verwertung vorzuschlagen.[14] Den Erlass der Empfehlung empfand das Parlament dann nicht nur als eine Missachtung demokratischer Prinzipien, sondern geißelte in der an den sog. Lévai-Bericht anschließenden einstimmigen Entschließung die absehbare Bevorzugung der Repertoires der großen Musikverlage und beklagte eine Gefährdung „kultureller Vielfalt" in Europa durch die spiegelbildliche Benachteiligung lokaler Musikproduktion.[15] Erneut forderte das Parlament die Kommission auf, eine Rahmenrichtlinie zur Regelung der kollektiven Wahrnehmung zu erlassen. Diese Aufforderung wurde durch eine dritte Entschließung im September 2008 erneut bekräftigt.[16] Erst nach den Europawahlen 2009 scheint die Binnenmarktkommission nun unter neuer Führung seine Politik zu überdenken und sich dem Vorschlag eines entsprechenden Rechtsaktes anzunähern.[17]

---

11 Kommissions-Entscheidung v. 18. Juli 2008, COMP/C2/38.698 – CISAC, K(2008) 3435 endg. = http://ec.europa.eu/competition/antitrust/cases/decisions/38698/de.pdf (zuletzt abgerufen am 30. April 2010). Dazu *Alich*, Europäische Union – Kartellrechtliche Beurteilung der Gegenseitigkeitsverträge zwischen Verwertungsgesellschaften durch die Europäische Kommission, GRUR Int. 2009, 91.

12 Fn. 4.

13 Die Klage wird geführt unter dem Aktenzeichen T-442/08, *CISAC gegen Kommission*.

14 Entschließung des Europäischen Parlaments vom 15. 1. 2004 zu einem Gemeinschaftsrahmen für Verwertungsgesellschaften im Bereich des Urheberrechts und der verwandten Schutzrechte (2002/2274(INI)); ABl. 2004 Nr. C 92 E/425.

15 Entschließung des Europäischen Parlaments vom 13. März 2007 zu der Empfehlung der Kommission vom 18. Oktober 2005 für die länderübergreifende kollektive Wahrnehmung von Urheberrechten und verwandten Schutzrechten die für legale Online-Musikdienste benötigt werden (2006/2008(INI)), EP-Doc. P6_TA(2007)0064.

16 Entschließung des Parlaments vom 25. September 2008 zur länderübergreifenden kollektive Wahrnehmung von Urheberrechten und verwandten Schutzrechten die für legale Online-Musikdienste, EP-Doc. P6_TA(2008)0462.

17 Ausdruck wurde diesem Politikwechsel durch die Durchführung einer öffentlichen Anhörung zum Wahrnehmungsrecht am 23. April 2010 in Brüssel verliehen. Siehe die Website der Kommission mit den Beiträgen vor allem der Verwertungsgesellschaften: http://ec.europa.eu/internal_market/copyright/management/management_en.htm.

Damit ist freilich noch nicht geklärt, in welchem Verhältnis die im Recht der kollektiven Verwertung zum Tragen kommenden öffentlichen Interessen, einschließlich des Interesses an Förderung und Wahrung der kulturellen Vielfalt, auf die das Europäische Parlament besonderen Wert legt, zum Wettbewerbsgebot stehen. Dieser Beitrag soll zu einem besseren Verständnis dieses sehr komplexen Verhältnisses beitragen, um darauf aufbauend einige Handlungsempfehlungen für die zukünftige Regelung auf europäischer Ebene zu geben.

Vor allem im Lichte der von der Kommission als besonders wettbewerbskonform deklarierten Politik der Online-Musikrechte-Empfehlung scheint ein deutliches Spannungsverhältnis zwischen dem Wettbewerbsmodell einerseits und den mit der kollektiven Verwertung verbundenen öffentlichen Interessen zu bestehen. Dieser Position scheint sich auch die Enquête-Kommission „Kultur in Deutschland" vom Dezember 2007 anzuschließen. Nach deren Schlussbericht soll das faktische Monopol der Verwertungsgesellschaften in Deutschland nicht nur notwendiges Übel, sondern sogar eine gebotene Ausnahme vom Wettbewerbsprinzip im Verwertungsinteresse der Urheber und zur Förderung kultureller Vielfalt sein. Konkret heißt es dort:[18]

> Die kollektive Rechtewahrnehmung stellt eine Ausnahme in unserem Rechtssystem dar. Dies führt zu einer faktischen Monopolstellung der Verwertungsgesellschaften, die aber ihre Rechtfertigung in der Vergangenheit darin fand, dass diese „Helfer des Urhebers gegenüber den Werknutzern" sind. Damit wird auch ein Beitrag zur kulturellen Vielfalt in Europa geleistet.

Des Weiteren begründet die Enquête-Kommission das Monopol mit einer „staatsentlastenden" Funktion der Verwertungsgesellschaften, die eine einseitige Ausrichtung des Wahrnehmungsrechts am Wettbewerbsprinzip entgegenstehen soll. So heißt es weiter:[19]

> Die Tätigkeit der Verwertungsgesellschaften ist bislang im Übrigen neben kulturellen auch sozialen Aspekten unterworfen. Darüber hinaus erfüllen Verwertungsgesellschaften auch staatsentlastende Funktionen. Vor diesem Hintergrund wurde die Tätigkeit der Verwertungsgesellschaften nicht unter marktpolitischen bzw. wettbewerbsrechtlichen Gesichtspunkten betrachtet. Dies entspricht dem bisherigen Selbstverständnis der Verwertungsgesellschaften.

Diese wenigen Aussagen dürften den Vorstellungen vieler Urheberrechtler entsprechen. Auch lag die Vorstellung, wonach die Verwertungsgesellschaften im Interesse der Urheber über ein Monopol verfügen sollen, auch dem Erlass des Urheberwahrnehmungsgesetzes (UrhWG) im Jahre 1965 zugrunde. Von der Festlegung eines gesetzlichen Monopols hat der Gesetzgeber lediglich aus verfassungsrechtlichen Gesichtspunkten abgesehen.[20] Richtig ist aber auch, dass nach ständiger Praxis der Europäischen Kommission und der europäischen Gerichte Verwertungsgesellschaften „Unternehmen" sind und damit der Kontrolle des europäi-

---

18 Deutscher Bundestag, Schlussbericht der Enquête-Kommission „Kultur in Deutschland", BT-Drucks. 16/7000 v. 11. 12. 2007, S. 267.
19 Ibid.
20 So hatte noch der Entwurf für ein UrhWG von 1954 ein gesetzliches Monopol vorgesehen. Siehe zur historischen Debatte *Melichar*, in: Loewenheim (Hrsg.), Handbuch des Urheberrechts, 2. Aufl. 2009, § 45 Rn. 17.

schen Kartellrechts unterliegen. Auch nach deutschem Kartellrecht besteht keine Bereichsausnahme zugunsten der kollektiven Verwertung.[21]

Im Folgenden soll die Ansicht widerlegt werden, wonach das Wettbewerbsprinzip den öffentlichen Interessen, wie sie im Wahrnehmungsrecht zum Tragen kommen, und dem Ziel der kollektiven Vielfalt widerspricht. Vielmehr sind die folgenden Gegenthesen zu begründen:

(1.) Die kollektive Rechtewahrnehmung bildet einen klassischen Bereich unternehmerischer Tätigkeit, die dem Kartellrecht unterliegt.

(2.) Die Tätigkeit und der Fortbestand der Verwertungsgesellschaften lässt sich im europäischen Binnenmarkt nur „marktpolitisch“ begründen.

(3.) Das Ziel der Sicherung kultureller Vielfalt steht nicht im Widerspruch zum Wettbewerbsgedanken. Von Nöten ist ein Schutz dynamischen Wettbewerbs, der kulturelle Vielfalt fördert.

(4.) Es gibt keinen Widerspruch zwischen dem Wettbewerbsziel einerseits und kulturellen und sozialen Zielsetzungen andererseits.

Im Folgenden werden zunächst die für die kartellrechtliche Beurteilung relevanten Märkte definiert (unten II.). Danach ist auf das grundsätzliche Verhältnis der kollektiven Verwertung zum Kartellrecht einzugehen (unten III.) und die Rolle der Verwertungsgesellschaften im Markt zu analysieren (unten IV.). Nach grundlegenden Ausführungen über das Verhältnis von kultureller Vielfalt und dynamischem Wettbewerb (unten V.) werden schließlich mit Blick auf die Zukunft der Verwertungsgesellschaften im Binnenmarkt einige Handlungsanweisungen formuliert (unten VI.).

II. Definition der relevanten Märkte

Aus ökonomischer Sicht werden Verwertungsgesellschaften als Dienstleister auf zwei Märkten tätig. Zum einen erbringen sie eine Wahrnehmungsdienstleistung an die Rechteinhaber. Zum anderen erteilen Verwertungsgesellschaften Lizenzen an die Nutzer. Die Frage, ob auf den einschlägigen Märkten überhaupt Wettbewerb möglich ist, ist für die beiden Dienstleistungen unterschiedlich zu beantworten.

Im Verhältnis zum Rechteinhaber ist grundsätzlich Wettbewerb denkbar, sofern dem Rechteinhaber mehrere Verwertungsgesellschaften im Wahrnehmungsmarkt

---

21 Bis zur 7. GWB-Novelle (Siebtes Gesetz zur Änderung des Gesetzes gegen Wettbewerbsbeschränkungen v. 7. Juli 2005, BGBl. I v. 12. 7. 2005, S. 1954) fand sich in § 30 GWB ein Freistellungstatbestand zugunsten von Urheberverwertungsgesellschaften. Dieser beschränkte sich allerdings nur auf wettbewerbswidrige Vereinbarungen und Beschlüsse nach §§ 1 und 14 GWB. Ohne Einschränkung anzuwenden waren also daher die Bestimmungen über den Missbrauch marktbeherrschender Stellung durch Verwertungsgesellschaften nach §§ 19 f. GWB. Außerdem sollte die Ausnahme nur greifen, sofern diese Vereinbarungen und Beschlüsse für die wirksame Wahrnehmung der Urheberrechte erforderlich sind.

entsprechende Wahrnehmungsdienstleistungen anbieten.[22] Für die Situation in Deutschland ist zunächst festzuhalten, dass die hiesigen Verwertungsgesellschaften über ein faktisches Verwertungsmonopol verfügen. Dennoch bieten sich für Rechteinhaber drei Alternativen, von denen Wettbewerbsdruck auch auf die Verwertungsgesellschaften in Deutschland ausgeht.

An erster Stelle zu nennen ist, dass selbst ein deutscher Rechteinhaber nicht darauf angewiesen ist, der deutschen Verwertungsgesellschaft seine Rechte anzuvertrauen. Seit der *GVL*-Entscheidung des EuGH steht fest, dass die über ein nationales Monopol verfügenden nationalen Verwertungsgesellschaften Rechteinhaber mit der Staatsangehörigkeit eines anderen Mitgliedstaates nicht aus Gründen der Staatsangehörigkeit ablehnen dürfen.[23] Somit stehen also Verwertungsgesellschaften verschiedener Mitgliedstaaten der EU zueinander im Wettbewerb um die Rechteinhaber. Erweist sich eine nationale Verwertungsgesellschaft als unzuverlässig, wenig vertrauenswürdig oder wenig effizient, kann der Rechteinhaber seine Rechte zurückziehen und sie einer Verwertungsgesellschaft in einem anderen Mitgliedstaat zur Wahrnehmung anvertrauen.[24]

An zweiter Stelle zu berücksichtigen ist, dass Verwertungsgesellschaften nicht die einzigen Intermediäre sind, über die eine kollektive Verwertung möglich ist. In Betracht kommt insbesondere auch eine zentrale Verwertung über die Musikverlage. Geht man etwa für den Online-Bereich davon aus, dass eine grenzüberschreitende Lizenzierung sowie ein Monitoring der Online-Nutzung weltweit von einem zentralen Ort aus möglich ist, ist es auch denkbar, dass die großen Musikverlage, die über ein beachtliches Repertoire verfügen, die weltweite Zentrallizenzierung von Online-Musikrechten selbst vornehmen. Dass dieser Schritt im Anschluss an die Online-Musikrechte-Empfehlung der Kommission im Jahre 2005 nicht vollzogen wurde, liegt wesentlich daran, dass die Musikverlage nicht ohne weiteres in der Lage sind, die entsprechenden Verwertungsrechte an sich zu ziehen. So haben auch im angloamerikanischen Bereich die Urheber ihre Aufführungsrechte (*public performance rights*) für bereits bestehende und zukünftig zu schaffende Werke oft schon zur Wahrnehmung auf eine Verwertungsgesellschaft übertragen, bevor sie sich vertraglich an einen Musikverlag binden. Letzterem kann dann nur noch das Recht der mechanischen Vervielfältigung übertragen werden, das von den Verwertungsgesellschaften vor allem in den USA und Großbritannien traditionell nicht wahrgenommen wird. Dies erklärt, weshalb EMI zur Online-Verwertung des eige-

22 Auf die Förderung dieses Wettbewerbs setzt die Online-Musikrechte-Empfehlung der Kommission (Fn. 7).
23 Grundlegend EuGH v. 2. März 1983, Rs. 7/82, *GVL gegen Kommission*, Slg. 1983, 483 (Tz. 54–56).
24 Verwertungsgesellschaften sind heutzutage auch über die Grenzen der EU hinaus bereit, ausländische Rechteinhaber zu akzeptieren. So haben sich viele Musikurheber Lateinamerikas an US-amerikanische Gesellschaften oder die spanische SGAE gebunden; siehe *Alich*, Verwertungsgesellschaften in Lateinamerika, 2010, S. 127f. Andererseits stellte die Kommission in ihrer *CISAC*-Entscheidung (Fn. 11), Tz. 18–21 und 123–137, noch im Jahre 2008 fest, dass selbst in Gegenseitigkeitsverträgen zwischen Verwertungsgesellschaften in der EU Klauseln enthalten sind, die den Beitritt von Staatsangehörigen anderer Mitgliedstaaten ohne Zustimmung der dortigen Gesellschaft ausschließen.

nen Repertoires mit der britischen Verwertungsgesellschaft PRS und der GEMA im Rahmen von CELAS[25] kooperiert, um EU-weite Online-Lizenzen zu erteilen. Der Rückruf des Vervielfältigungsrechtes durch EMI wirkt dabei als Hebel, um die Verwertungsgesellschaften in eine solche Allianz zu locken. Die Verwertungsgesellschaften hatten hier nur die Wahl, entweder den Zugriff auf das attraktive Repertoire der Majors ganz zu verlieren oder doch wenigstens mit einer der großen Gesellschaften zu kooperieren.

Als dritte Option zu nennen ist schließlich die individuelle Wahrnehmung durch den einzelnen Urheber. Vor allem im Online-Bereich erscheint die individuelle Wahrnehmung zunehmend als Alternative zur kollektiven Verwertung. Die Europäische Kommission hat in ihrer Entscheidungspraxis grundsätzlich klar gestellt, dass Rechteinhaber durch die Verwertungsgesellschaften nicht gezwungen werden dürfen, bestimmte Rechte kollektiv verwerten zu lassen. Sie müssen grundsätzlich die Option zur individuellen Verwertung behalten.[26] In dieser Entscheidung kommt der allgemeine, vom EuGH entwickelte Grundsatz zum Ausdruck, dass Verwertungsgesellschaften ihre marktbeherrschende Stellung missbrauchen, sofern sie sich mehr Rechte zur Wahrnehmung übertragen lassen, als dies zum Schutze der Rechteinhaber gegenüber den großen Verwertern erforderlich ist.[27]

Während also in Bezug auf die Wahrnehmungsdienstleistung ein Wettbewerbsmarkt grundsätzlich denkbar erscheint, trifft die Einführung von Wettbewerb auf dem Lizenzmarkt nahezu auf unüberwindbare Schwierigkeiten. Ein anschauliches Beispiel hierfür bietet die Verwertungsgesellschaftslandschaft in den USA. Dort haben sich im Musikbereich drei Verwertungsgesellschaften – ASCAP, BMI und SESAC – entwickelt.[28] Diese konkurrieren um Rechteinhaber. Im Verhältnis zu den Nutzern, wie etwa Radio- und Fernsehstationen oder Download-Anbietern, besteht trotzdem kein Wettbewerb, da die Nutzer sich nicht mit einem Vertragsschluss mit einer Verwertungsgesellschaft begnügen können, da der einzelne Vertrag ihnen nur den Zugang zum Repertoire einer Gesellschaft verschafft.[29] Eine Radiostation wird in aller Regel auf den Zugang zu den Repertoires aller Gesellschaften angewiesen sein. Kartellrechtlich betrachtet bilden die Repertoires der verschiedenen Verwertungsgesellschaften keine substituierbaren, sondern „komplementäre" Güter.[30] Die Politik der Kommission in ihrer Online-Musikrechte-

---

25 http://www.celas.eu.

26 Entscheidung der Kommission v. 12. August 2002, COMP/C2/37.219 – *Bangalter & Homem Christo v SACEM*, S. 10 f.; abrufbar unter: http://ec.europa.eu/competition/antitrust/cases/decisions/37219/fr.pdf (nur französischer Entscheidungstext verfügbar).

27 EuGH v. 21. März 1974, Rs. 127/73, *BRT gegen SABAM*, Slg. 1974, 313 (Tz. 10 und 15).

28 ASCAP und BMI verfügen über einen etwa gleich großen Marktanteil. Dagegen liegt der Marktanteil von SESAC bei nur etwa 2%.

29 Siehe auch *Goldmann*, Die kollektive Wahrnehmung musikalischer Rechte in den USA und Deutschland, 2001, S. 118 f.

30 Auf die Existenz komplementärer Güter trifft man auch in anderen Bereichen des Immaterialgüterrechts. Wird beispielsweise ein technologischer Standard durch mehrere sich gegenseitig blockierende Patente – sog. komplementäre Patente – kontrolliert, die in den Händen verschiedener

Empfehlung fördert entsprechend den Wettbewerb auf dem Markt für die Wahrnehmungsdienstleistung, lässt aber weiterhin das Monopol auf dem Lizenzmarkt zu. Zu einer Linderung des Monopolproblems kommt es nur dann, wenn der Zugang zu ein und demselben Repertoire über verschiedene Verwertungsgesellschaften verschafft werden kann und der Nutzer die Wahl hat, bei welcher Verwertungsgesellschaft er die Lizenz nachfragt. Diesem Modell entspricht das IFPI Simulcasting Agreement für die Rechte der ausübenden Künstler und Tonträgerhersteller, die, auf der Grundlage von Gegenseitigkeitsverträgen, die grenzüberschreitende Lizenzierung durch jede einzelne der verbundenen Verwertungsgesellschaften nach der Wahl des Lizenznehmers zulässt. Die Kommission hat in ihrer *IFPI Simulcasting*-Entscheidung dieses Modell für vereinbar mit ex-Art. 81 EG (jetzt Art. 101 AEUV) erklärt, obwohl der Preiswettbewerb durch die Orientierung an den Tarifen in den Abrufstaaten erheblich eingeschränkt wird. Die Kommission befand jedoch, dass sich die Einzelgesellschaften nur bei dieser Berechnungsmethode zu diesem Modell der grenzüberschreitenden Lizenzierung bereit finden.[31] Der Vorteil, dass überhaupt die grenzüberschreitende Lizenzierung möglich wird, wiegt also den Nachteil des geringen Preiswettbewerbs auf.

Damit lässt sich feststellen, dass insbesondere unter Berücksichtigung der technischen Rahmenbedingungen den Rechtsinhabern Optionen der Verwertung zur Verfügung stehen können und der Wettbewerb auf dem Markt der Wahrnehmungsdienstleistung durchaus funktionieren kann. Dagegen wird sich der Nutzer auf dem Lizenzmarkt häufig in einer unauflösbaren Abhängigkeit von allen Anbietern befinden, die über ein ausreichend wichtiges Repertoire verfügen. Vor allem mit einer Zersplitterung des Gesamtrepertoires, wie sie die Kommission durch die Online-Musikrechte-Empfehlung ausgelöst hat, wird für den Nutzer nichts gewonnen. Ganz im Gegenteil läge in der Möglichkeit, den Zugang zum Gesamtrepertoire durch einen einzigen Vertragsschluss zu erhalten (One-Stop-Shop), ein spezifischer Vorteil,[32] der infolge der Online-Musikrechte-Empfehlung nicht mehr zu erlangen ist. Die Zersplitterung des Gesamtrepertoires führt für den Nutzer nur zu einer Erhöhung der Suchkosten und setzt damit Anreize zu Rechtsverletzungen, nämlich dann wenn der Nutzer die Kosten des Entdecktwerdens niedriger einschätzt als der Aufwand zur Ermittlung des Rechteinhabers und der zuständigen Lizenzierungsstelle.

III. Kollektive Rechtewahrnehmung und das Kartellrecht

Das grundsätzliche Verhältnis der kollektiven Rechtewahrnehmung zum Kartellrecht lässt sich durch zwei zentrale Aussagen beschreiben, über die, wie schon die wiedergegebenen Zitate des Schlussberichts der Enquête-Kommission „Kultur in

Patentinhaber liegen, verschafft jedes dieser einzelnen Patente eine eigene marktbeherrschende Stellung.

31 Entscheidung der Kommission (Fn. 4), Tz. 110.

32 So auch die Kommission in ihrer *IFPI Simulcasting*-Entscheidung; ibid., Tz. 90.

Deutschland“ belegen, dennoch Unklarheit zu bestehen scheint. Zum einen ist klarzustellen, dass das Urheberrecht kein Recht auf Monopolgewinne verschafft. Zum anderen kennt das Kartellrecht keinen Freistellungstatbestand zugunsten der kollektiven Verwertung.

Ökonomisch betrachtet hat das Urheberrecht die Funktion, ein Problem öffentlicher Güter zu lösen. Urheberrechtlich geschützte Werke sind öffentliche Güter im Sinne der Ökonomik, da sich deren Nutzung durch andere nicht ausschließen lässt (sog. Nichtausschließlichkeit) und die Nutzung des Werks durch eine Person nicht die Nutzungsmöglichkeit durch eine andere Person beschränkt (sog. Nichtrivalität). Ökonomisch besteht das Problem öffentlicher Güter darin, dass wegen Fehlens der Ausschließlichkeit niemand in die Produktion solcher Güter investieren wird. Zur Lösung dieses Marktversagens schafft das Urheberrecht eine rechtliche Ausschließlichkeit, die es dem Urheber bzw. Rechteinhaber ermöglicht, einen Preis für die Nutzung des Werks festzusetzen.[33] Wenn das kontinentaleuropäische Urheberrecht ganz generell das Urheberrecht dem Werkschöpfer zuweist, kommt darin die Erwartung zum Ausdruck, dass dem Werkschöpfer über den Markt die Chance erhalten wird, aufgrund seines Werkschaffens seinen Lebensunterhalt selbst bestreiten zu können. Wie viel der einzelne Urheber auf der Grundlage seines Werkschaffens verdient, ist allerdings über den Markt und damit in Abhängigkeit vom Wettbewerb verschiedener Werke um die Präferenzen der Endnutzer zu bestimmen und nicht durch eine Monopolisierung der Werke in einer Hand. Im Ergebnis lässt sich damit aus der Logik des Urheberrechts nicht die Forderung nach einer Monopolisierung des Lizenzmarktes durch Rechtebündelung ableiten. Freilich reagieren Verwertungsgesellschaften auf das Problem des vertraglichen Ungleichgewichts zwischen einzelnem Urheber und ökonomisch dominantem Urheber. Insofern kann die kollektive Wahrnehmung auch Aufgaben übernehmen, die jene des Urhebervertragsrechts charakterisieren.[34]

Die grundsätzlich wettbewerbskonforme Ausgestaltung des Urheberrechts widerspiegelt sich auch im positiven Kartellrecht. Dieses kennt gerade keinen Freistellungstatbestand zugunsten der kollektiven Verwertung. Ein solcher ergibt sich, wie der EuGH schon in seiner *GVL*-Entscheidung ausgeführt hat, auch nicht aus Art. 106 Abs. 2 AEUV (ex-Art. 86 Abs. 2 EG).[35] Die Erlaubnispflichtigkeit und die Überwachung der kollektiven Verwertung jedenfalls nach dem UrhWG reiche nicht aus, um Verwertungsgesellschaften als Unternehmen anzusehen, denen der Gesetzgeber die Erbringung einer „Dienstleistung von allgemeinem wirtschaftlichen Interesse“ zugewiesen hat.[36] In der *CISAC*-Entscheidung hat die Kommission

---

33 Siehe dazu *Landes/Posner*, An Economic Analysis of Copyright Law, 18 J. Leg. Stud. 325, 326 (1989).

34 Siehe ausführlicher *Drexl* (Fn. 8), in: Riesenhuber, S. 221 f. Siehe in diesem Zusammenhang auch zur kartellrechtlichen Vereinbarkeit des deutschen Urhebervertragsrechts mit dem Kartellrecht *Drexl*, Der Anspruch der Werkschöpfer und ausübenden Künstler auf angemessene Vergütung in der europäischen Wettbewerbsordnung, in: Festschrift für Schricker, 2005, S. 651.

35 Siehe oben Fn. 23, Tz. 29–33.

36 Bestätigt mittlerweile durch die Kommission in der *CISAC*-Entscheidung (Fn. 11), Tz. 257.

offen gelassen, ob nach dem Wahrnehmungsrecht anderer Staaten als Deutschland Verwertungsgesellschaften als Unternehmen angesehen werden müssen, die Dienstleistungen im allgemeinen öffentlichen Interesse i.S. von ex-Art. 86 Abs. 2 EG erbringen.[37] Im Ergebnis lehnte die Kommission jedenfalls eine Ausnahme nach dieser Vorschrift ab, da das Verbot der territorialen Beschränkungen die Erfüllung der behaupteten Aufgaben jedenfalls nicht verhindere.

IV. Zur Rolle der Verwertungsgesellschaften im Markt

Die oben zitierte, im Schlussbericht der Enquête-Kommission zum Ausdruck gebrachte Position, wonach die kollektive Wahrnehmung eine Ausnahme im Rechtssystem darstellt und vor allem die mit der kollektiven Wahrnehmung verfolgten öffentlichen Ziele das Verwertungsmonopol rechtfertigen sollen, übersieht, dass Verwertungsgesellschaften Geschöpfte des Marktes und nicht staatlicher Regulierung sind.[38] Die kollektive Verwertung bietet im Vergleich zur individuellen Verwertung für alle Marktteilnehmer zwei beachtliche ökonomische Vorteile:

Zum einen führt die kollektive Wahrnehmung zu einer Ersparnis an Transaktionskosten für Rechteinhaber und Nutzer im Rahmen der Lizenzierung. Die kollektive Wahrnehmung erspart dem Nutzer Suchkosten, die vor allem bei der Massennutzung von Werken, wie etwa im Bereich der Rundfunknutzung von Musik, nicht für jedes einzelne Werk fragen müssen, bei wem die Rechte liegen. Obwohl Nutzer sich einem Verwertungsmonopol gegenübersehen, liegt dieses Monopol daher auch in ihrem Interesse. Nur das Monopol verschafft ihnen den One-Stop-Shop. Je leichter die Lizenzierung für die Nutzer ist, umso höher ist auch die Wahrscheinlichkeit, dass der Nutzer die Lizenz auch tatsächlich nachfragt.

Zum anderen ermöglicht die kollektive Verwertung das Monitoring und die Rechtsdurchsetzung. Vor allem in den Fällen der Massennutzung ist der einzelne Rechteinhaber nicht in der Lage, Rechtsverstöße durch den Unterhalt eines beachtlichen Überwachungsapparats aufzuspüren und zu verfolgen. Verwertungsgesellschaften sind damit notwendige Marktintermediäre, deren Funktion vor allem in der Gewährleistung eines marktkonformen Systems der Lizenzierung liegt.

Diese ökonomischen Gründe für das Entstehen der Verwertungsgesellschaften sind auch bei der Kontrolle des Handelns dieser Gesellschaften durch das Kartellrecht zu berücksichtigen. Das Kartellrecht hat nicht die Aufgabe, das natürliche Monopol der Verwertungsgesellschaften zu bekämpfen. Das Monopol entsteht nur, weil es gegenüber einem Verwertungsmodell mit einer Mehrzahl von konkurrierenden Gesellschaften ökonomisch überlegen ist. Soll hier mit dem Kartellrecht mehr Wettbewerb erreicht werden, ist deshalb darauf zu achten, dass die spezifischen ökonomischen Vorteile, die das Monopol mit sich bringt, nicht beeinträchtigt werden. In diesem Rahmen kommen dem Kartellrecht wichtige Aufgaben zu.

---

37 Kommission (Fn. 11), Tz. 258 f.
38 Zur historischen Entwicklung siehe *Melichar* (Fn. 20), Rn. 9 ff.

Es ist vor allem zu verhindern, dass sich das „Monopolinteresse" der Verwertungsgesellschaften verselbstständigt. Zu Recht hat daher der EuGH in seiner Praxis vor allem zum Schutze der Rechteinhaber einen Verhältnismäßigkeitsgrundsatz entwickelt. Verwertungsgesellschaften dürfen sich Rechte nur einräumen lassen, soweit dies zur Durchführung ihrer Aufgaben erforderlich ist.[39] Gleichzeitig werden aber auch die Nutzer geschützt, etwa dann wenn der EuGH sich sogar bereit zeigt, auf der Grundlage europäischen Kartellrechts die Höhe der Lizenzgebühren zu kontrollieren. Die kollektive Verwertung bietet eines der wenigen Beispielen, in denen die europäische Praxis auf der Grundlage von Art. 102 Abs. 2a) AEUV das Kartellrecht als Mittel der Preiskontrolle eingesetzt hat.[40]

V. „Kulturelle Vielfalt" und „dynamischer Wettbewerb"

Zu fragen bleibt, ob nicht das vom Europäischen Parlament und auch von der deutschen Enquête-Kommission „Kultur in Deutschland" vorgebrachte Argument der Förderung kultureller Vielfalt zu einem anderen Ergebnis führen muss. Dabei muss man sich erst einmal Klarheit über den Begriff der „kulturellen Vielfalt" verschaffen (dazu unten 1.). Die zentrale Frage ist, in welchem Verhältnis das Argument der „kulturellen Vielfalt" zum Marktgeschehen im Allgemeinen und zum Wettbewerbsgedanken im Besonderen steht. Hier ist aufzuzeigen, dass über eine Konzeption des „dynamischen Wettbewerbs" durchaus erklärt werden kann, dass kulturelle Vielfalt und Wettbewerb keineswegs in einem Widerspruch zueinander stehen, sondern dass sogar eine Konzeption des dynamischen Wettbewerbs bewusst zur Förderung kultureller Vielfalt eingesetzt werden kann (unten 2.).

1. Begriff und Schutz der kulturellen Vielfalt

Der Begriff der kulturellen Vielfalt nimmt einen zentralen Platz in der Argumentation des Europäischen Parlaments für ein zukünftiges europäisches Wahrnehmungsrecht ein. Jedoch findet er nicht nur Verwendung in den Resolutionen des Parlaments.[41] Auf höchster normativer Ebene, nämlich der des Völkerrechts, findet sich in der UNESCO-Konvention über kulturelle Vielfalt aus dem Jahre 2005 eine Legaldefinition.[42]

---

39 So der EuGH in der Rs. 127/73, *BRT gegen SABAM*, oben Fn. 27.

40 EuGH, Rs. 395/87, *Tournier*, Slg. 1989, 2521, Tz. 34–46; Rs. 110/88, *Lucazeau u.a.*, Slg. 1989, 2811, Tz. 21–33.

41 Siehe oben I.

42 Convention on the Protection and Promotion of the Diversity of Cultural Expressions; abrufbar unter: http://portal.unesco.org/culture/en/ev.php-URL_ID=33232&URL_DO=DO_TOPIC&URL_SECTION=201.html (zuletzt abgerufen am 30. April 2010). Die Konvention wurde am 20. Oktober 2005 von der UNESCO-Generalkonferenz verabschiedet. Sie ist am 18. März 2007 in Kraft getreten. Die Bundesrepublik Deutschland hat die Konvention am 12. März 2007 ratifiziert, die EU bereits am 18. Dezember 2006.

Im europäischen Kontext denkt man bei diesem Begriff zu allererst an den Erhalt der Vielfalt nationaler Kulturen, die in den Mitgliedstaaten vorhanden sind. Dieses Verständnis erscheint jedoch defensiv und rückwärts gewandt. Es besteht die Gefahr, hinter dem Deckmantel der kulturellen Vielfalt die Errichtung kultureller Naturschutzparks zu betreiben. Kulturelle Vielfalt lässt sich aber auch dynamisch und in die Zukunft gerichtet verstehen. Danach geht es um ein dynamisches Konzept der Diversitätsförderung. Die europäische Musiklandschaft wäre nicht automatisch als kulturell vielfältiger anzusehen als die US-amerikanische, nur weil in ihr nach wie vor verschiedene national geprägte musikalische Tendenzen vorhanden sind und nebeneinander existieren. Vielmehr käme es darauf an, welche Musiklandschaft eher dazu in der Lage ist, in einem kreativen Prozess Neues hervorzubringen. Unter diesem Blickwinkel ließe sich mit Fug und Recht behaupten, dass die USA im 20. Jahrhundert eine Hochphase kulturellen Vielfalt erreicht haben, die vor allem aus der gegenseitigen Befruchtung und Verschmelzung verschiedenster kultureller Einflusse entstanden ist.

Was sagt uns aber die UNESCO-Konvention über kultureller Vielfalt normativ über das Konzept der kulturellen Vielfalt? In Art. 4 der UNESCO-Konvention heißt es:

(1) "Cultural diversity" refers to the manifold ways in which the cultures of groups and societies find expression. These expressions are passed on within and among groups and societies.

(2) Cultural diversity is made manifest not only through the varied ways in which the cultural heritage of humanity is expressed, augmented and transmitted through the variety of cultural expressions, but also through divers modes of artistic creation, production, dissemination, distribution and enjoyment, whatever means and technologies used.

Art. 4 Abs. 1 folgt zunächst der Linie der Bewahrung unterschiedlicher nationaler Kulturen, ohne das Ziel kultureller Vielfalt im Sinne kultureller Abgrenzung zu verstehen. Erfasst ist auch der interkulturelle Austausch. Art. 4 Abs. 2 stellt schließlich in seinem zweiten Halbsatz klar, dass es für kulturelle Vielfalt auch auf die heutige und zukünftige Werkschöpfung und die Verbreitung dieser Werke an das Publikum ankommt. Verstärkt wird diese zukunftgewandte Seite der kulturellen Vielfalt in Art. 7 Abs. 1 UNESCO-Konvention durch eine Pflicht der Staaten zur Förderung sowohl der Produktion und Verbreitung „kulturellen Ausdrucks" (cultural expression) als auch des Zugangs dazu. Damit wird nicht nur die Verbindung zu neuem Werkschaffen hergestellt, sondern zugleich der Zusammenhang zwischen Werkschaffen und Unterhaltung des Publikums hervorgehoben. Damit stellt sich automatisch die Frage nach der Rolle des Marktes und jener der Verwertungsgesellschaften, wenn es darum geht, neue Werke vom Schöpfer zum Publikum zu bringen.

2. Die Rolle der Verwertungsgesellschaften im dynamischen Wettbewerb

Eine Antwort auf diese Frage gibt das Konzept des dynamischen Wettbewerbs.[43] Das Konzept vom dynamischen Wettbewerb ist jenes, auf das es für das Immaterialgüterrecht ankommt. Bliebe man bei der Lehre von den öffentlichen Gütern zur Begründung des Immaterialgüterrechts stehen, würde übersehen, dass geistiges Eigentum nicht nur zur Investition in immaterielle Güter anspornen soll, sondern gerade Anreize zu technologischem Fortschritt und Kreativität geben soll. Entsprechend ist in der Wettbewerbspolitik im Zusammenhang mit Immaterialgüterrechten stets zwischen statischer Effizienz, die durch eine Optimierung von Preis und Menge einer Ware erreicht wird, und der auf die Erzielung von Innovation und damit neuer und besserer Produkte gerichtete dynamische Effizienz zu unterscheiden.[44]

Vergleicht man die Online-Musikrechte-Empfehlung aus dem Jahre 2005 mit dem traditionellen, auf Gegenseitigkeitsverträgen aufbauenden System der grenzüberschreitenden Wahrnehmung im Lichte statischer und dynamischer Effizienz, ergibt sich trotz gegenteiliger Bekundungen der Kommission, dass die Empfehlung gerade nicht ein wettbewerbspolitisch wünschenswertes Denken im Wahrnehmungsrecht zum Durchbruch verhilft und einem dynamisch, in die Zukunft gedachten Konzept der kulturellen Vielfalt zuwiderläuft.

Diese Kritik lässt sich anhand von drei wesentlichen Merkmalen der Online-Rechte-Empfehlung erklären:

(1.) Die Empfehlung basiert auf dem Grundgedanken der freien Wahl der Verwertungsgesellschaft durch den Rechteinhaber und der Spezialisierung der Verwertungsgesellschaften für bestimmte Musikrichtungen. Wird ein freier Wettbewerb zwischen den Verwertungsgesellschaften etabliert, geht die Grundlage des Wahrnehmungszwangs verloren. Auch die Spezialisierung der Verwertungsgesellschaften ist nur möglich, wenn diese spiegelbildlich zur Wahlfreiheit der Rechteinhaber die Freiheit erhalten, die Wahrnehmung für unattraktive Werke abzulehnen.[45] Dieses System begünstigt die großen Rechteinhaber, wie sich dies auch anschaulich in den nach Erlass der Empfehlung entstandenen neuen Kooperationsformen zwischen den großen Musikverlagen und einigen großen Verwertungsgesellschaften, wie z.B. im Rahmen von CELAS, abbildet. Das Repertoire der großen Musik-

---

43 Dieses Konzept wurde in seiner spezifischen Ausprägung als „kreativer Wettbewerb" für das Urheberrecht entwickelt und ausführlicher dargelegt in *Drexl*, Competition in the field of collective management: Preferring creative competition to economic efficiency in European copyright law, in: Torremans (Hrsg.), Copyright Law: A Handbook on Contemporary Research 2007, S. 255.

44 Die Dimension des dynamischen Wettbewerbs wird im wettbewerbspolitisch-ökonomischen Schrifttum zur kollektiven Verwertung regelmäßig übersehen. Siehe etwa *Besen/Kirby/Salop*, An Economic Analysis of Copyright Collective, 78 Virginia L. Rev. 383 (1992); ähnlich *Katz*, The Potential Demise of Another Natural Monopoly: Rethinking the Collective Administration of Performing Rights, 1 J. Comp. L. & Econ. 541 (2005); kritisch dazu *Drexl* (Fn. 43), S. 266 f.; *ders.*, In Favor of a Multi-Track Copyright System, in: Dreyfuss/First/Zimmermann (Hrsg.), Working within the Boundaries of Intellectual Property, Innovation Policy for the Knowledge Society, 2010, S. 157, 166 ff.

45 Dazu schon *Drexl* (Fn. 8), in: Riesenhuber, S. 230 ff.

verlage erlangt in diesem Modell gegenüber unabhängigen Werken einen Vorteil im Hinblick auf den Marktzugang und die Durchsetzungschancen auf dem Markt.

(2.) Ein solcher Vorteil wäre nur gerechtfertigt, sofern er als Ergebnis funktionierenden Wettbewerbs angesehen werden müsste. Allerdings muss dabei berücksichtigt werden, dass sich die großen Musikverlage mit ihrem Repertoire auf den gegenwärtigen Musikgeschmack konzentrieren, da diese Konzentration höchste Renditen auf dem Musikmarkt versprechen. Diese Tendenz zur Konzentration auf den musikalischen Mainstream hat sich in den letzten Jahren infolge des Zusammenbruchs der Renditen der Musikverlage und des dramatischen Rückgangs der Verkaufszahlen für Tonträger noch verstärkt. Es ist daher zweifelhaft, ob das Wettbewerbsmodell der Kommissionsempfehlung tatsächlich ein vielfältigeres Musikangebot bereitstellen kann.

(3.) Im Ergebnis ist dies zu verneinen. In einem Verwertungsmodell, das die großen Musikverlage privilegiert, treffen diese eine „Vorauswahl" darüber, was das Publikum noch über den Rundfunk und das Internet zu hören bekommt. Fällt die Entscheidung primär nach dem ökonomischen Kalkül, nämlich danach, was die Masse des Publikums gerne hört, besteht die Gefahr der Zementierung des Publikumgeschmacks und eine Beeinträchtigung der Vielfalt des musikalischen Angebots. Die Volkswirtschaftslehre hat dieses Phänomen bereits ausführlich anhand des Privatfernsehens diskutiert und dargelegt. Der Anstieg der empfangbaren Sender durch die Einführung des Privatfernsehens führt keineswegs zu größerer kultureller Vielfalt, sondern sehr viel eher zu kultureller Verarmung, da sich die zahlreichen Sender unter dem Zwang hoher Einschaltquoten allesamt an den Durchschnittsgeschmack annähern müssen. Im Fernsehbereich wird gar von einer Abwärtsspirale der Vulgarisierung und Banalisierung gesprochen.[46]

Wie hat aber dann das Gegenmodell auszusehen? Dieses lässt sich am leichtesten mit den drei Elementen (1.) Wahrnehmungszwang, (2.) One-Stop-Shop und freie Musikauswahl sowie (3.) Gegenseitigkeitsverträge charakterisieren.

Wesentlich ist, dass das vorhandene Potenzial an Kreativität genutzt wird und allen Musikwerken ein gleichmäßiger Zugang zum Markt und damit letztlich zum Publikum gewährleistet wird. Dies setzt auf der Ebene der kollektiven Wahrnehmung voraus, dass es letztlich auch eine Verwertungsgesellschaft gibt, die sich um die Wahrnehmung eines Werks kümmert. Ein gleichmäßiger Zugang aller Werke zum Markt setzt deshalb einen Wahrnehmungszwang voraus. Dieser sollte also nicht nur als notwendige Folge des bestehenden Wahrnehmungsmonopols einer nationalen Verwertungsgesellschaft verstanden werden, sondern auch als notwendiges Element zur Gewährleistung eines dynamischen Wettbewerbs im Musikmarkt.

Das Pendant zum Wahrnehmungszwang bildet auf der Nutzerseite der One-Stop-Shop. Der Wahrnehmungszwang gewährleistet den ungehinderten Zugang zum

46 Siehe etwa *Schüll*, Schutz der Meinungsvielfalt im Rundfunkbereich durch europäisches Recht, 2006, S. 37 f.

System der kollektiven Wahrnehmung für alle Werke; der One-Stop-Shop garantiert dem Nutzer, dass er über einen Lizenzvertrag auch die Berechtigung zur Nutzung aller Werke erlangt, an denen das Publikum Gefallen finden kann. Nur wenn Wahrnehmungszwang und One-Stop-Shop verwirklicht sind, ist der freie Fluss von Werken zum Publikum gewährleistet. Die Entscheidung über den Markterfolg liegt dann wesentlich beim Verbraucher nach den Kriterien eines sich dynamisch verändernden Musikgeschmacks und nicht bei Musikverlagen, die nach einem ökonomischen Nutzenkalkül eine Vorauswahl treffen und damit den Marktzutritt von Werken limitieren.

Zum One-Stop-Shop gehört schließlich ein System von Gegenseitigkeitsverträgen zwischen den Verwertungsgesellschaften, da auf anderem Wege ein One-Stop-Shop mit den Rechten an allen Werken des Weltrepertoires, die originär in den Händen verschiedener Verwertungsgesellschaften liegen, nicht möglich ist.[47] Indem die Kommission durch ihre Online-Rechte-Empfehlung gerade die grenzüberschreitende Direktverwertung ohne Gegenseitigkeitsverträge propagierte, nahm sie die Aufgabe des One-Stop-Shop und damit eine Schädigung der kulturellen Vielfalt in Kauf. Insgesamt zeigt sich, dass eine Wettbewerbspolitik, die nicht nur auf das Argument der kulturellen Vielfalt im Sinne einer dynamischen Entwicklung des Musikmarktes Rücksicht nimmt, sondern sich deren Förderung gerade zum Ziel setzt, möglich ist. Diesem Konzept entspricht – im Gegensatz zur Online-Musikrechte-Empfehlung – die jüngste Entscheidungspraxis der Kommission zur Anwendung des europäischen Kartellrechts auf Gegenseitigkeitsverträge. Allen voran sind hier die Entscheidung zum IFPI Simulcasting Agreement[48] sowie die gegenwärtig am Europäischen Gericht anhängige *CISAC*-Entscheidung[49] der Kommission zu nennen. So verwundert es denn auch nicht, dass sich die Kommission in der *CISAC*-Entscheidung durchaus kritisch zum Modell der Online-Rechte-Empfehlung äußert.[50] Zu Recht stellt die *CISAC*-Entscheidung auch klar, dass sie den Verwertungsgesellschaften die Teilnahme an Gegenseitigkeitsvereinbarungen keineswegs verbietet und deshalb auch die kulturelle Vielfalt im Musikbereich nicht beeinträchtigt.[51]

VI. Zur Zukunft der kollektiven Verwertung im Binnenmarkt

Im Lichte der vorausgegangenen Ausführungen ist ein Blick auf die Zukunft der Regelung der kollektiven Verwertung im Binnenmarkt zu werfen. Dabei ist zwi-

47 Gedacht werden könnte jedoch an die Etablierung gemeinsamer Plattformen. Ein solches Modell unterscheidet sich nicht strukturell von einem Modell mit Gegenseitigkeitsverträgen. Auch bei gemeinsamen Plattformen gibt es letztlich zwei Stufen der Verwertung. Überdies würde ein neues – möglicherweise europäisches Monopol entstehen.
48 Fn. 4.
49 Fn. 11.
50 Kommission (Fn. 11), Tz. 106–110. Dabei wird sogar darauf hingewiesen, dass das Impact Assessment lediglich ein Arbeitspapier der Binnenmarktdirektion und nicht von der Kommission insgesamt angenommen worden sei (Tz. 108); die Empfehlung selbst sei im Lichte des europäischen Wettbewerbsrechts auszulegen.
51 Kommission (Fn. 11), Tz. 95.

schen der Anwendung des Kartellrechts und der zukünftigen Binnenmarktgesetzgebung im Bereich der kollektiven Wahrnehmung zu unterscheiden.

1. Grundsätze der kartellrechtlichen Kontrolle der kollektiven Verwertung

Was das europäische Kartellrecht anlangt, lässt sich generell feststellen, dass die Praxis angemessene Grundsätze in Bezug auf die Regelung der kollektiven Verwertung entwickelt hat. Hierzu gehören im Wesentlichen fünf Elemente:

(1.) Das europäische Kartellrecht gewährleistet die freie Wahl der Verwertungsgesellschaft durch den Rechteinhaber. Nationale Verwertungsgesellschaften dürfen die Wahrnehmung der Rechte eines Rechteinhabers nicht ablehnen, nur weil dieser die Staatsangehörigkeit eines anderen Mitgliedstaates besitzt oder nicht im Staatsgebiet der Verwertungsgesellschaft seinen Wohnsitz hat.[52]

(2.) Das europäische Kartellrecht sichert die freie Entscheidung des Rechteinhabers zwischen kollektiver und individueller Verwertung.[53] Verwertungsgesellschaften dürfen in ihren Wahrnehmungsverträgen die Einräumung von Rechten zur Wahrnehmung allenfalls vorschreiben, soweit dies im Sinne des Verhältnismäßigkeitsgrundsatzes zur Erfüllung der Aufgaben der Verwertungsgesellschaften und zum Schutze der Rechteinhaber gegenüber großen Werknutzern unbedingt erforderlich ist.[54]

(3.) Das europäische Kartellrecht sollte soweit wie möglich die grenzüberschreitende Lizenzierung durchsetzen, d.h. soweit nicht das Erfordernis eines lokalen Monitoring eine grenzüberschreitende Lizenzierung ausschließt. Dieser Linie folgen die *IFPI Simulcasting*-Entscheidung aus dem Jahre 2002[55] sowie die *CISAC*-Entscheidung der Kommission aus dem Jahre 2008.[56]

(4.) Gegenseitigkeitsverträge sind im Lichte des europäischen Kartellrechts auf ihre Rechtswirksamkeit zu überprüfen. Der Abschluss von Gegenseitigkeitsverträgen widerspricht aber nicht an sich dem europäischen Kartellrecht. Vielmehr ermöglichen sie den One-Stop-Shop für Nutzer und sind daher grundsätzlich wünschenswert.

(5.) Schließlich ist in Extremfällen auf der Grundlage des Art. 102 Abs. 2a) AEUV auch die Angemessenheit der von den Verwertungsgesellschaften festgesetzten Lizenzgebühren zu überprüfen.[57]

---

52 EuGH (Fn. 2) in *GVL gegen Kommission*.
53 Kommission (Fn. 2) in *GEMA I* und *GEMA II*.
54 EuGH (Fn. 27) in *BRT gegen SABAM*.
55 Fn. 4.
56 Fn. 11.
57 EuGH in *Tournier* sowie *Lucazeau* (Fn. 40).

2. Zur Zukunft einer sekundärrechtlichen Regelung des Wahrnehmungsrechts

Das europäische Kartellrecht ist allerdings nicht geeignet, auf Dauer ein europäisches Wahrnehmungsrecht auf sekundärrechtlicher Grundlage zu ersetzen. Auch die Grundfreiheiten und die Dienstleistungsrechtlinie[58] können mit ihrem einseitigen Liberalisierungsansatz diese Lücke nicht füllen. Aus den Grundfreiheiten lässt sich allenfalls ableiten, dass das Beibehalten eines gesetzlichen Verwertungsmonopols unverhältnismäßig ist und damit nicht im Einklang mit dem EU-Recht steht. Die Grundfreiheiten wirken nicht gegen die Entstehung von nationalen Verwertungsgesellschaften als natürliche Monopole.

Denkbar und erforderlich wäre neben einer europarechtlichen Harmonisierung der Grundsätze über die Zulassung von Verwertungsgesellschaften auch ein zentralisiertes System der Zulassung für das gesamte Gebiet der EU. Dies erscheint deshalb geboten, weil anders die grenzüberschreitende Lizenzierung stets Gefahr läuft, mit dem Erfordernis der lokalen Zulassung im jeweiligen Bestimmungs- und Lizenzierungsstaat in Konflikt zu treten. Damit zu verbinden wäre auch die Einführung einer EU-zentralisierten Aufsicht über die kollektive Verwertung. Der europäischen Aufsichtsbehörde sollte vor allem die Aufsicht über die ordentliche Erfüllung der Gegenseitigkeitsverträge als einer der wichtigsten und besonders missbrauchsanfälligen Aspekte der grenzüberschreitenden Wahrnehmung obliegen. Als große Frage bleibt jedoch zu beantworten, ob die Verbindung des Wahrnehmungsrechts zum materiellen Urheberrecht nicht so eng ist, dass eine so starke Zentralisierung des europäischen Wahrnehmungsrechts ohne einen wesentlichen Ausbau der Harmonisierung des Wahrnehmungsrechts oder ohne die Schaffung sogar eines einheitlichen EU-Urheberrechts nicht möglich ist.

---

58 Richtlinie 2006/123/EG vom 12. Dezember 2006 über Dienstleistungen im Binnenmarkt, ABl. 2006 Nr. L 376/36. Zweifelhaft ist, ob die in Art. 17 Nr. 11 der Richtlinie enthaltene Ausnahme des Urheberrechts vom Grundsatz der Dienstleistungsfreiheit nach Art. 16 auch für das Wahrnehmungsrecht gilt. Nach Art. 16 Abs. 2 b) wäre insbesondere das Beibehalten einer Genehmigungspflicht nicht mehr zulässig.

§ 3 Ausübende Künstler und die GVL

*Claudia Rossbach**

Übersicht

I. Einleitung

Die ausübenden Künstler bilden noch vor den Tonträger- sowie Videoclipherstellern und den Veranstaltern[1] die Haupt-Berechtigtengruppe der GVL.

Da in dem nachfolgenden Referat die Berechtigtengruppe der ausübenden Künstler in den Mittelpunkt gestellt werden soll, wurden im Vorfeld von der Verfasserin einige Künstlerstimmen zur GVL eingeholt und eine kleine Umfrage gemacht, was die GVL den ausübenden Künstlern bedeutet. Dabei kamen interessante Antworten heraus, von denen eine auszugsweise diesem Beitrag vorangestellt werden soll. Ein Sänger und Musiker antwortete:

„Eine unverzichtbare Vertretung für uns Künstler. Egal ob als Studiomusiker oder als Sänger, unsere Rechte gehören verwaltet und dementsprechend verteilt."

In diesem Zitat sind bereits wesentliche Dinge angesprochen, die nachfolgend etwas näher betrachtet werden sollen, nämlich

- die Rechte der ausübenden Künstler

- die GVL als unverzichtbare Vertretung für Künstler

und

- die Verwaltung und Verteilung.

---

* Dr. jur., Rechtsanwältin in München.

1 Schricker/Loewenheim-*Reinbothe*, Urheberrecht Kommentar (4. Aufl. 2010) Vor §§ 1 ff. WahrnG Rn. 14.

II. Die Rechte der ausübenden Künstler

1. Nachfolgend sollen nicht im Einzelnen die von der GVL wahrgenommenen Rechte bzw. Ansprüche erörtert werden, da diese als bekannt vorausgesetzt werden. [2] Es soll hier der Hinweis genügen, dass das Urheberrechtsgesetz dem ausübenden Künstler im Gegensatz zu dem wesentlich umfassenderen Urheberrecht verschiedene abschließend definierte Rechte zuweist,[3] nämlich Ausschließlichkeitsrechte in Form von Verwertungsrechten und Vergütungsansprüche; die Persönlichkeitsrechte des ausübenden Künstlers seien hier vernachlässigt, da sie die GVL naturgemäß nicht wahrnimmt. Allerdings unterstreicht der gesetzliche Schutz dieser Persönlichkeitsrechte die Eigenständigkeit und Wertigkeit der Leistungsschutzrechte der ausübenden Künstler, da anderen Leistungsschutzberechtigten (z.B. Tonträger- und Filmherstellern sowie Sendeunternehmen) dieser Schutz nicht zukommt.

2. Schutzbegründend für die Rechte der ausübenden Künstler ist nach § 73 UrhG die künstlerische Darbietung eines Werkes oder einer Ausdrucksform der Volkskunst, zum Beispiel durch Aufführung, Singen, Spielen etc. Es ist zwar eine „nachschaffende“ Tätigkeit der Werkinterpretation, die aber in künstlerischer Weise erfolgen muss, mithin künstlerisches Gestaltungsvermögen und eine geistig-kreative Leistung der Werkinterpretation erfordert.[4] Diese Besonderheit der künstlerischen Leistung soll ein Beispiel belegen: Erst das auf der Bühne durch Schauspieler aufgeführte Theaterstück wird durch deren Darbietung lebendig; es ist sogar auf diese Vermittlung angewiesen, denn das eigene Lesen eines Textbuches kann dies nicht leisten. Ohne die vermittelnde künstlerische Darbietung ist der Werkgenuss geringer oder gar nicht vorhanden. Es ist also diese künstlerische Leistung, die den besonderen Schutz des ausübenden Künstlers rechtfertigt.

Dieser gesetzliche Schutz hängt aber nicht in der Luft: Es darf nicht vergessen werden, dass er fest verankert ist in dem verfassungsrechtlichen Gebot, dem ausübenden Künstler das wirtschaftliche Ergebnis seiner Tätigkeit grundsätzlich zuzuordnen und er damit dem Grundrecht des Art. 14 Abs. 1 S. 1 GG unterfällt.[5] Hinsichtlich der vermögensrechtlichen Seite handelt es sich um ein weiteres Immaterialgüterrecht, das selbstständig neben dem Urheberrecht steht,[6] und dem ausübenden Künstler als einheitliches originäres Schutzrecht direkt zugeordnet ist.

---

2 Ein Überblick hierzu findet sich auf der Website der GVL www.gvl.de.

3 Fromm/Nordemann-*Schaefer,* Urheberrecht, Kommentar (10. Aufl. 2008), § 77 Rn. 1; § 78 Rn. 1; Loewenheim-*Vogel*, Handbuch des Urheberrechts (2. Aufl. 2010), § 38 Rn. 18.

4 Loewenheim-*Vogel*, a.a.O., § 38 Rn. 16.

5 Loewenheim-*Vogel,* a.a.O., § 38 Rn. 37; BVerfGE 31, 275 ff. – Schallplatten; BVerfGE GRUR 1990, 181, 183 – Vermietungsvorbehalt; BVerfGE GRUR 1990, 438, 441 – Bob Dylan sowie Loewenheim-*Vogel*, a.a.O., § 38 Rn. 27: Der Grundsatz, nach dem der Urheber tunlichst an jedem wirtschaftlichen Nutzen, der aus seinem Werk gezogen wird, zu beteiligen ist, gilt sinngemäß auch für ausübende Künstler im Rahmen der ihnen zustehenden Rechte.

6 Schricker/Loewenheim-*Krüger,* a.a.O., Vor §§ 70 ff. Rn. 10; Loewenheim-*Vogel,* a.a.O., § 38 Rn. 25: *„Immaterialgüterrecht im weiteren Sinne“*.

Diese besondere gesetzliche Zuordnung kommt auch deutlich in § 86 UrhG zum Ausdruck. Danach besitzt der Tonträgerhersteller kein eigenes Recht auf Vergütung aus Sendung und öffentlicher Wahrnehmbarmachung, sondern nur einen Anspruch auf Beteiligung an der dem ausübenden Künstler originär zustehenden Vergütung. Hiermit drückt der Gesetzgeber bewusst eine Rangfolge in der Wertigkeit der künstlerischen Leistung gegenüber der technisch-organisatorischen Leistung des Tonträgerherstellers aus,[7] und zwar mit qualitativem Vorrang der Interpretenrechte.

III. Die GVL als unverzichtbare Vertretung

1. Als durch die verfassungsrechtliche Eigentumsgarantie gewährleistete Rechte sind die Rechte des ausübenden Künstlers grundsätzlich Ausschließlichkeitsrechte, die ihm selbst die Vermarktung seiner Leistungen ermöglichen und eine Existenzgrundlage schaffen sollen.

Allerdings gibt es hierzu Einschränkungen. Diese sind einmal gesetzlicher Art: Nämlich die grundsätzliche Verwertungsgesellschaftenpflichtigkeit des Rechts (z. B. § 20 b Abs. 1 i. V. m. § 78 Abs. 4 UrhG)[8] sowie die Herabstufung des Ausschließlichkeitsrechts zu einem gesetzlichen Vergütungsanspruch (z. B. § 78 Abs. 2 UrhG und die gesetzlichen Schrankenbestimmungen), gerechtfertigt durch soziale Gründe oder ansonsten unkontrollierbare Massennutzungen. Zum anderen sind sie faktischer Art: Der einzelne Künstler kann sein Ausschließlichkeitsrecht oft gegenüber der Markt- und Nachfragemacht bestimmter Verwerterunternehmen nicht oder nur unzureichend durchsetzen, so dass ihm die Vermarktung gegen angemessene Vergütung mitunter unmöglich wird. Dies soll ein Beispiel veranschaulichen:

Immer häufiger verwehren TV-Produzenten (gerade auch von erfolgreichen Serien bzw. Daily Soaps) künstlerischen Musikproduzenten, die als ausübende Künstler ebenfalls eine Berechtigtengruppe der GVL bilden, jegliche vertragliche Vergütung für die von ihnen komponierte und produzierte TV-Filmmusik. Es handelt sich nicht um oft unzureichende Buy-Outs, sondern um die völlig fehlende vertragliche Vergütung für künstlerische und kompositorische Leistungen. Die TV-Produktionsfirmen verweisen auf fehlende Budgets und nötigen den wirtschaftlich abhängigen Künstlern sogenannte Autoren- und Lizenzverträge ab, die ihnen keinerlei vertragliche Vergütung gewähren und sie ausschließlich auf die GEMA-Ausschüttungen für ihre Kompositionsleistung vertrösten. Zusätzlich aber müssen die künstlerischen Produzenten in ihrer Eigenschaft als Komponisten den TV-Pro-

---

7 Amtliche Begründung UFITA 45 (1965), 240, 315; *Rossbach*, Die Vergütungsansprüche im deutschen Urheberrecht – Praktische Wahrnehmung, Rechtsverkehr und Dogmatik (1990) S. 56; Schricker/Loewenheim-*Vogel*, a. a. O., § 86 Rn. 4; Loewenheim-*Vogel*, a. a. O. § 40 Rn. 28: Gesetzlicher Schutz für die technisch-organisatorische Leistung des Tonträgerherstellers unter Amortisationsgesichtspunkten, „Recht auf angemessene Verwertungsmöglichkeit".

8 Schricker/Loewenheim-*Schricker/Loewenheim* a. a. O., Vor § 28 ff. Rn. 60; Schricker/Loewenheim-*von Ungern-Sternberg*, a. a. O., § 20 b Rn. 12.

duzenten auch noch die Verlagsrechte übertragen. Es werden also weder Produktionskosten für oft viele Monate dauernde Musik-Produktionsarbeiten an einer ganzen Staffel einer Serie bezahlt noch die Nutzungsrechte für die Herstellung und Vervielfältigung des Films vergütet. Verhandlungen hierüber lehnen die Verwerter oftmals strikt ab oder der Künstler scheut sich zu verhandeln, weil er auf den Auftrag angewiesen ist und in wirtschaftlich schwächerer Position damit rechnen muss, dass andere an seine Stelle treten, sollte er sich nicht auf dieses Diktat einlassen.

Dieses Beispiel zeigt, dass die Durchsetzung von Ausschließlichkeitsrechten oft für den einzelnen Künstler schwierig oder gar unmöglich ist. Zwar existiert mit § 32 UrhG ein Anspruch auf angemessene Vergütung, doch die Künstler wissen mitunter nicht um ihre Rechte oder scheuen sich, diese geltend zu machen, da der Markt klein ist und sich ein solches Verhalten unter den Produzenten schnell herumspricht, so dass der Künstler keine Aufträge mehr erhalten könnte oder dies zumindest befürchten muss; auch Kostengründe für die Durchsetzung und Rechtsverfolgung dieser Ansprüche halten den Einzelnen oft davon ab, seine vertraglichen Rechte einzufordern.

Auch wenn dieses Beispiel nicht verallgemeinert werden soll und in anderen Branchen, zum Beispiel in der Musikindustrie, ein gewachsenes System der Umsatzbeteiligung an den wirtschaftlichen Auswertungen existiert,[9] zeigt es gleichwohl, wie leichtfertig das gesetzliche Ausschließlichkeitsrecht von Verwerterseite vom Tisch gefegt werden kann.

2. Es ist daher wichtig und richtig, dass der Gesetzgeber bestimmte Rechte und Ansprüche des ausübenden Künstlers als unabdingbar ausgestaltet hat, indem er sie als gesetzliche Vergütungsansprüche, die im Voraus unverzichtbar und nur durch eine Verwertungsgesellschaft wahrnehmbar sind, kodifiziert hat.[10] Auch wenn unser Rechtssystem die Herabstufung eines Ausschließlichkeitsrechts zu Recht nur in bestimmten Grenzen zulässt,[11] ist mit dieser Verankerung im System der Verwertungsgesellschaftenpflicht ein wichtiger Schutz vorhanden, der vertraglich und wirtschaftlich oft abhängige ausübende Künstler zumindest vor einem Komplettverlust bewahrt, bestimmte Rechtekategorien gar nicht mehr oder völlig unangemessen vergütet zu erhalten.

Das Zusammenspiel von dem Verbot der Vorausabtretung an Verwerter und der Verwertungsgesellschaftenpflicht bewahrt also den ausübenden Künstler insoweit vor weiteren wirtschaftlichen Verlusten und nachteiligen Abschlüssen mit mächtigen Verwertern,[12] da diese Ansprüche seiner individualvertraglichen Disposition entzogen sind.[13]

---

9 Loewenheim-*Rossbach*, a. a. O., § 69 Rn. 30 ff.

10 Vgl. § 20 b Abs. 1, § 20b Abs. 2, §§ 27, 53, 54, § 63 a i. V. m. § 78 Abs. 2 Nr. 1–3 i. V. m. § 78 Abs. 3; s. a. Fromm/Nordemann-*Schaefer*, a. a. O., § 79 Rn. 36; Loewenheim-*Flechsig*, a. a. O., § 85 Rn. 5 u. 7 ff.

11 Vgl. *Rossbach*, a. a. O., S. 324 f.

12 Loewenheim-*Melichar*, a. a. O., § 47 Rn. 18; *Vogel*, GRUR 1993, 513, 525.

13 Fromm/Nordemann-*Schaefer*, a. a. O., § 79 Rn. 40.

a) Dieser Schutz kommt auch dadurch zum Ausdruck, dass selbst im Falle einer individualvertraglichen Einräumung von Nutzungsrechten an Verwerter der von der Verwertungsgesellschaft wahrgenommene Vergütungsanspruch nicht erfasst wird. Hat der ausübende Künstler dem Tonträgerhersteller zum Beispiel das Vermietrecht eingeräumt, verbleibt ihm dennoch der unverzichtbare gesetzliche Vergütungsanspruch gegen den Vermieter (vgl. §§ 77 Abs. 2 S. 1 und 2 i.V.m. § 27 Abs. 1 UrhG), ähnliches gilt für das Verleihrecht und die Kabelweitersendung.[14] Hier wäre zu überlegen, auch das Ausschließlichkeitsrecht der Zugänglichmachung (§§ 19a i.V.m. § 78 Abs. 1 Ziff. 1 UrhG) durch einen gesetzlichen Vergütungsanspruch gegenüber Online-Plattformen abzusichern,[15] wie dies im Vermiet- und Verleihrecht bereits gesetzlich verankert ist, um dem ausübenden Künstler auch in diesem für ihn unkontrollierbaren Massenmarkt eine angemessene Beteiligung an diesen Nutzungen zu gewährleisten.

b) Auch sind die gesetzlichen Vergütungsansprüche nicht von der Übertragungsvermutung des § 92 Abs. 1 UrhG im Zusammenhang mit der Herstellung eines Filmwerks erfasst.[16]

Dieser Verbleib der gesetzlichen Vergütungsansprüche beim ausübenden Künstler auch im Falle der Abtretung der Verwertungsrechte an Dritte[17] ist somit ein wichtiger und unverzichtbarer Schutz zur Sicherung der Künstlerrechte, um den Künstler an weiteren Nutzungen teilhaben zu lassen.[18]

3. Natürlich können und sollen die von der GVL oder einer anderen Verwertungsgesellschaft wahrgenommenen Ansprüche eine angemessene individualvertragliche Erstvergütung nicht ersetzen. Die Rechteinhaber sind insoweit aufgerufen, ihre gesetzlichen Erstverwertungsrechte zu verteidigen, gegebenenfalls auf Verbandsebene, wie zum Beispiel für Auftragsproduzenten/Komponisten durch den Composers Club.[19] Aber die effiziente Wahrnehmung durch Verwertungsgesellschaften kann den Begehrlichkeiten, Sparmaßnahmen und Gewinnmaximierungsvorgaben von Konzern-Controllern ein starkes Gegengewicht entgegensetzen. Da qua gesetzlicher Regelung die Vergütungsansprüche unantastbar beim Künstler bzw. der Wahrnehmungsgesellschaft verbleiben, sichert dies zumindest in diesen Bereichen eine angemessene wirtschaftliche Gegenleistung. Daher ist die GVL – wie eingangs zitiert – für die Künstler eine unverzichtbare Vertretung.

---

14 Loewenheim-*Vogel*, a.a.O., § 38 Rn. 28 sowie 76.

15 *Gerlach*, ZUM 2009, 103, 106.

16 Loewenheim-*Vogel*, a.a.O., § 38 Rn. 61; Schricker-*Katzenberger*, a.a.O., § 92 Rn. 3 u. 13.

17 Loewenheim-*Vogel*, a.a.O., § 38 Rn. 65; *Schwarz*, ZUM 1999, 40, 47.

18 *Reber* GRUR 2000, 208: Dadurch werden auch die von Verwerterseite (Filmhersteller, Sendeunternehmen) für die Buy-Outs ins Feld geführten Argumente der ansonsten für sie unvertretbaren Verwaltungskosten für nutzungsabhängige Abrechnungen entkräftet, indem statt dessen die Verwertungsgesellschaften diese als kostengünstige Alternative bewerkstelligen, s.a. *Rossbach*, a.a.O., S. 213.

19 www.composers-club.de.

IV. Die Verwaltung und Verteilung

1. Allerdings geht mit diesem Wahrnehmungszwang auch die Pflicht der Verwertungsgesellschaft einher, die ihr anvertrauten Rechte angemessen zu verwalten und die Einnahmen zu verteilen, was ebenfalls eingangs bereits zitiert wurde. Der Gesetzgeber ist verpflichtet, hierfür die rechtlichen Rahmenbedingungen zu schaffen, die dies mit größtmöglicher Effektivität gewährleisten.[20] Demgemäß haben die Verwertungsgesellschaften als Treuhänder ihrer Berechtigten nach § 7 WahrnG die Einnahmen aus ihrer Tätigkeit nach festen Regeln eines Verteilungsplans zu verteilen, die ein willkürliches Vorgehen ausschließen. Auch wenn die Frage strittig ist, stellt diese gesetzliche Vorgabe eine Verpflichtung zu angemessener Verteilung[21] und nicht nur für ein bloßes Willkürverbot dar. Die GVL unterliegt hierbei der staatlichen Aufsicht des DPMA.[22]

2. Entsprechend den gesetzlichen Vorgaben verteilt die GVL die Einnahmen zwischen den Berechtigtengruppen der ausübenden Künstler und Tonträgerhersteller, indem den ausübenden Künstlern mindestens genauso viele quotale Einnahmen zukommen müssen wie den Nutzungsberechtigten, die von ihnen ja erst ihre Rechte ableiten.[23] Denn ohne diese künstlerischen Leistungen gäbe es ohnehin nichts zu verteilen. Weder Tonträger- noch Filmhersteller oder Sendeunternehmen generieren allein aus sich selbst heraus kreativ geschützte Inhalte. Sie bedürfen insoweit zwingend der urheberrechtlichen und künstlerischen Kreativität, um ihre leistungsschutzrechtlichen Tätigkeiten überhaupt erst entfalten zu können und selbst Rechte zu erlangen. Dementsprechend sieht zum Beispiel das WIPO/ILO/UNESCO-Mustergesetz zum Schutz von ausübenden Künstlern, Herstellern und Sendeunternehmen für eine Aufteilung der Tonträger-Sendevergütung zwischen Künstler und Hersteller auch eine zumindest hälftige Teilung vor, die in dem Verteilungsplan zu beachten ist.[24]

Ergänzend sei erwähnt, dass bei der kollektiven Rechtewahrnehmung als Ausdruck des Solidargedankens im Sinne wirtschaftlich vertretbarer Erfassungs- und Verteilungsstrukturen Pauschalierungen jedoch grundsätzlich zulässig sind.[25]

3. Auch die Organisation der GVL verkörpert diesen Solidargedanken:

Zum einen nimmt sie die Rechte einer sehr großen Anzahl der von ihr repräsentierten ausübenden Künstlern wahr und bündelt deren Interessen, was sich auch in dem bei ihr paritätisch besetzten Beirat gesellschaftsintern widerspiegelt. Dieses konstitutionalisierte Forum gebündelter Interessen ist ein nicht zu unterschät-

---

20 *Vogel*, GRUR 1993, 514; *Reber*, GRUR 2000, 203.
21 S. a. *Vogel*, a. a. O., S. 521 unter Hinweis auf BVerfGE 79, 1, 17.
22 Vgl. §§ 18, 19 WahrnG.
23 Fromm/Nordemann-*Wilhelm Nordemann*, a. a. O., § 6 WahrnG Rn. 9; Wandtke/Bullinger-*Gerlach*, Praxiskommentar zum Urheberrecht, (3. Aufl.2009), § 6 WahrnG Rn. 16.
24 Wandtke/Bullinger-*Gerlach*, a. a. O., § 7 WahrnG Rn. 5.
25 Wandtke/Bullinger-*Gerlach*, a. a. O., § 7 WahrnG Rn. 2.

zender Vorteil gegenüber der oft nur schwer durchsetzbaren Position eines einzelnen Künstlers.

Zum anderen kann sich die GVL durch die große Anzahl der von ihr repräsentierten Künstler eine gewichtige Stimme in den Entscheidungsgremien verschaffen. Sie bringt zudem aufgrund ihres 50-jährigen Bestehens Know-how, „Lebenserfahrung", Strukturen und Kampferprobung mit, die von ihr wahrgenommenen Rechte auf nationaler und internationaler Ebene angemessen zu vertreten und durchzusetzen, was beispielsweise auch die Stellungnahme im Zusammenhang mit der Debatte um die Schutzfristenverlängerung deutlich belegt.[26]

Weiterhin ist die Organisation in einem Kuriensystem, also der gemeinsamen Organisation von ausübenden Künstlern und den verwertenden Tonträgerherstellern, hier als zielführend zu betrachten. Denn sie ermöglicht einen institutionalisierten Diskurs, Transparenz der Argumente und einen kontrollierten Interessenausgleich.

4. Die Arbeit der GVL kommt dabei keineswegs nur den gutverdienenden „großen Stars" zugute, was die alljährlichen Einzelausschüttungen belegen. Dies hat auch das Eingangszitat unter Nennung der „Studiomusiker" bereits verdeutlicht, und das hierzu wie folgt zu Ende zitiert werden soll, weil es diese Tatsache anschaulich auf den Punkt bringt:

„...wenn man dann noch von Musikerkollegen hört, dass sie schon voller Freude auf das neue Keyboard oder die neue Gitarre warten, die sie nächste Woche aus dem Laden holen werden, weil das GVL-Geld kommt, dann verbinden wir mit dieser Gesellschaft etwas Schönes."

Die Wahrnehmungstätigkeit der GVL kommt somit also gerade auch den vielen „kleinen" Künstlern zugute, die damit wiederum in ihre künstlerische Arbeit und Profession investieren können.

Dass aber auch weltweit sehr erfolgreiche Interpreten die Arbeit der GVL sehr zu schätzen wissen, soll abschließend durch das Zitat eines international erfolgreichen Sängers belegt werden, der kurz und prägnant formuliert:

„Eine GVL wünscht man sich in jedem Land der Welt".

Diesen Komplimenten kann durchaus beigepflichtet werden, insbesondere auch deshalb, weil die eigene Erfahrung in der anwaltlichen Tätigkeit gegenüber der GVL zeigt, dass auftretende Probleme oder Rückfragen schnell, effizient und ohne großen Verwaltungsaufwand gelöst werden können. Möge daher die GVL auch in Zukunft eine starke Stimme für die ausübenden Künstler bleiben.

---

26 Vgl. *Gerlach*, ZUM 2009, 103 ff.

§ 4 Tonträgerhersteller und die GVL

*Martin Schaefer**

Übersicht

Die GVL ist eine gemeinsame Verwertungsgesellschaft der ausübenden Künstler und Tonträgerhersteller. Solche gemeinsamen Gesellschaften („*Joint Societies*" im inzwischen schon fast neudeutschen englischen Sprachgebrauch) haben in Deutschland Tradition, erwähnt seien hier nur als weitere Beispiele die GEMA als gemeinsame Verwertungsgesellschaft der Musikurheber und Musikverlage und die VG Wort als gemeinsame Gesellschaft der Wortautoren und der Verlage.

Fast jeder, der in Deutschland das Recht der Verwertungsgesellschaften lernt, hält dies für die selbstverständlichste Sache der Welt. Dabei ist eine solche Verwertungsgemeinschaft alles andere als selbstverständlich. Zwar sind ausübende Künstler und Tonträgerhersteller regelmäßig vertraglich miteinander verbunden, ganz so wie Musikurheber und ihre Musikverlage oder die Wortautoren mit ihren Verlagen, so dass es naheliegt, gemeinsame Interessen auch gemeinsam nach außen hin zu vertreten.

Als Vertragspartner haben jedoch zugleich ausübende Künstler und Tonträgerhersteller notwendigerweise auch unterschiedliche Interessen. Das heißt nicht, dass Künstler und Labels Gegner wären, sondern lediglich, dass wirtschaftlich die Interessen eines Tonträgerherstellers geradezu zwangsläufig in wesentlichen Bereichen andere sein müssen als die der ausübenden Künstler, nämlich überall dort, wo es um die Verteilung dessen geht, was mit der Verwertung einer Musikaufnahme verdient wird. Nach Jahrzehnten der Ruhe kommen solche Interessengegensätze seit einiger Zeit überall zum Vorschein – auch innerhalb der gemeinsam betriebenen Verwertungsgesellschaften.

---

* Dr., Rechtsanwalt in Berlin.

Die Interessenlagen innerhalb der GVL lohnen eine genauere Betrachtung, besonders im Vergleich zur GEMA. Wenn man das Verhältnis der ungleichen Partner in diesen beiden gemeinsam betriebenen Gesellschaften betrachtet, stellt sich schnell heraus, dass sich die auf den ersten Blick geradezu deckungsgleich erscheinenden Strukturen in Wirklichkeit deutlich unterscheiden. Bei aller oberflächlichen Ähnlichkeit sind GEMA und GVL verschieden wie Äpfel und Birnen.

I. Welche Rechte nimmt die GVL wahr, welche die GEMA?

Der Unterschied zwischen GVL und GEMA wird besonders deutlich, wenn man sich die Art der wahrgenommen Rechte betrachtet. Dargestellt ist in der folgenden Übersicht[1], für welche Rechte bzw. Ansprüche in den jeweiligen Wahrnehmungsverträgen der beiden Verwertungsgesellschaften eine Rechtsübertragung vorgesehen ist:

		Vervielfältigung Verbreitung	Online-Nutzung	Sendung	Öffentliche Wiedergabe
Autor	Musikverlag				
	GEMA	X	X	X	X
Künstler	Label	X	X		
	GVL			X	X

Auf den ersten Blick wird deutlich, dass die GEMA wesentlich mehr Rechte wahrnimmt als die GVL. Dies ist noch erstaunlicher, wenn man in Betracht zieht, dass die Mitglieder der GEMA abgesehen von den Vergütungsansprüchen für Schran-

1 Zusammengestellt laut Wahrnehmungsverträgen der GVL, zum Download verfügbar unter: https://www.gvl.de/pdf/wahrnehmungsvertrag-ausuebende-kuenstler.pdf (Künstler) und https://www.gvl.de/gvl-tontraeger-download.htm (Tonträgerhersteller) sowie laut Berechtigungsvertrag der GEMA, zum Download verfügbar unter: http://www.gema.de/fileadmin/inhaltsdateien/urheber/formulare/gema_berechtigungsvertrag.pdf.

kennutzungen (§§ 44a bis 63a UrhG) praktisch alle von der GEMA wahrgenommenen Rechte auch selbst wahrnehmen könnten, weil es sich um individuell ausübbare Exklusivrechte und nicht lediglich um Vergütungs- bzw. Beteiligungsansprüche handelt.

Bei der GVL gilt demgegenüber die Regel, dass grundsätzlich die Tonträgerhersteller alle Rechte individuell wahrnehmen, die ihnen vom Gesetz als Exklusivrechte zugewiesen sind und lediglich Vergütungs- und Beteiligungsansprüche der GVL zur Wahrnehmung überlassen. Und da sich Tonträgerhersteller auch die Rechte der ausübenden Künstler einräumen bzw. übertragen lassen, gilt dies prinzipiell auch für deren Rechte. § 79 UrhG gibt das „Schnittmuster" vor, da – vereinfacht dargestellt – die Exklusivrechte an den Hersteller, dagegen die reinen Vergütungsansprüche des Künstlers als nur an die GVL übertragbar (bzw. nur durch sie wahrnehmbar) ausgestaltet sind.

II. Das Verhältnis von kollektiver und individueller Rechtewahrnehmung bei GVL und GEMA im Vergleich

Der Wahrnehmungstätigkeit von GEMA und GVL liegt also jeweils ein völlig unterschiedliches Leitbild zugrunde – umfassende Rechtewahrnehmung einerseits, weitgehende Beschränkung auf reine Vergütungsansprüche andererseits, – was die Frage nahelegt, wie es dazu gekommen ist.

Einen Fingerzeig dafür gibt gerade die jüngere Entwicklung in der GEMA, denn seit es auch um die Verwertung von Onlinerechten und mobilen Nutzungen geht, ist jedenfalls dort die alleinige Rechtewahrnehmung durch die GEMA durchaus nicht mehr selbstverständlich.

Die Empfehlung der EU-Kommission zur Rechtewahrnehmung im Online-Bereich[2], CELAS, PAECOL, PEDL[3] und die Entscheidung des Bundesgerichtshofes zu den Klingeltönen[4] zeigen, dass die Musikverlage eine neue Stellung beanspruchen, die ihnen individuelle Kontrolle über die Rechtevergabe verschafft und sie zugleich – auch dies sollte nicht verschwiegen werden – den Bindungen des deutschen Wahrnehmungsrechts und den Solidarsystemen des Verteilungsplans entzieht.[5]

Das traditionelle System der deutschen kollektiven Rechtewahrnehmung bildete eine Verwertungshierarchie ab, die heute zunehmend von verschiedenen Marktteilnehmern in Frage gestellt wird, ohne dass jetzt schon erkennbar wäre, welche

---

2 2005/737/EG ABl. L 276 vom 21. 10. 2005, 54 ff.

3 Z.B. LG München I ZUM 2009, 78 – *Myvideo,* kommentierend dazu: Jani, Alles eins? ZUM 2009, 722 ff., Erwiderung darauf: Schaefer, Alles oder nichts! ZUM 2010, 159.

4 GRUR 2009, 395 – *Klingeltöne für Mobiltelefone.*

5 Auf die vielfältigen – ungelösten – administrativen Schwierigkeiten, die sich für die Musikverlage bei der Selbst-Wahrnehmung ihrer Rechte wegen § 8 Abs. 2 S. 1 UrhG aus den sogenannten „Split-Copyrights" ergeben, kann und soll an dieser Stelle nicht eingegangen werden.

Struktur an die Stelle dieser über Jahrzehnte geübten Praxis treten könnte. Diese Praxis lässt sich wie folgt abbilden:

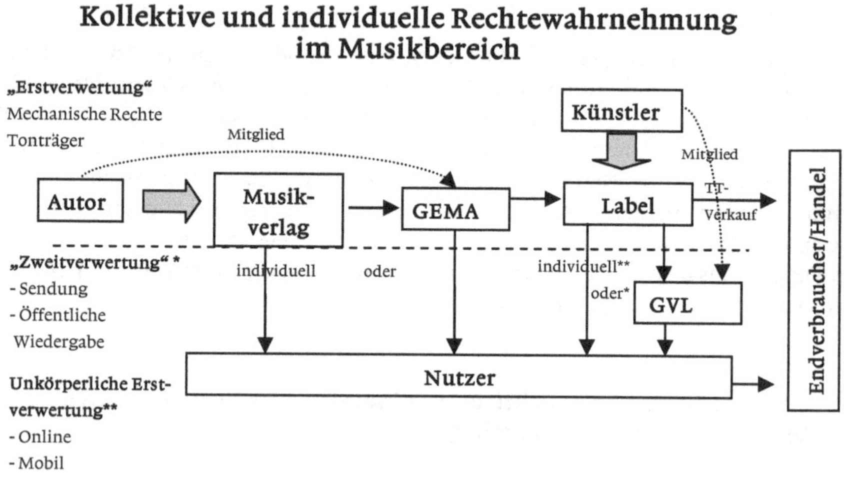

(Zur Erläuterung: Oberhalb der gepunkteten Linie findet sich die Verwertungsstruktur der traditionellen Erstverwertung, unterhalb dieser Linie der Bereich der traditionellen Zweitverwertung; die unkörperliche (Online-) Erstverwertung von Musik lässt sich weder der einen, noch der anderen Ebene zuordnen: Musikverlage und Labels nebeneinander machen individuell Rechte geltend, teils – wie die Musikverlage – für ein und dieselbe Nutzung neben der GEMA.)

Im Laufe der weiteren Betrachtungen wird sich zeigen, dass sich der Fokus des Interesses von der oberen Hälfte des Schaubilds heute in den unteren Teil verlagert hat, seit sich Musikaufnahmen auch unkörperlich erstverwerten lassen.

Solange für die Auswertung von Musikaufnahmen der Verkauf von CDs im Mittelpunkt stand, ging es im Verhältnis zwischen Labels und der GEMA praktisch ausschließlich um die mechanischen Rechte, also die Vervielfältigung und Verbreitung von physischen Tonträgern. Zu dieser Zeit – und diese Zeit begann erst vor etwa zehn Jahren zu Ende zu gehen – bestand in der gesamten Branche unausgesprochene Einigkeit darüber, dass die Auswertungskette von den Tonträgerherstellern angeführt wurde.

Das heißt nicht, dass irgendein Beteiligter, sei es Komponist, Textdichter, ausübender Künstler oder Musikverlag, je Zweifel an der Bedeutung seines Anteils gelassen hätte, sondern lediglich, dass ein Verlag, nachdem er die von ihm vertretenen Werke in einer Tonträgerproduktion untergebracht hatte, die Administration der Auswertung komplett der GEMA überließ. Und sollte er je in Versuchung gekommen sein, seine Rechte individuell wahrzunehmen, hätte ihn sicher § 42a UrhG (zuvor § 61 UrhG) daran erinnert, dass er solche individuellen Verwertungsoptionen nur bei der ersten Auswertung gehabt hätte, da für alle nachfolgenden mechanischen Auswertungen die in dieser Vorschrift niedergelegte Zwangslizenz gegolten hätte.

Der Tonträgerhersteller wiederum war in dieser Zeit regelmäßig zugleich Plattenfirma und umgekehrt war jede Plattenfirma auch Tonträgerhersteller. Es war die Regel und geradezu selbstverständlich, dass eine Plattenfirma selbst Künstlerverträge schloss und das wirtschaftliche Risiko für die Verwertung der Aufnahmen selber trug. Deshalb ist es selbstverständlich, dass die Plattenfirmen traditionell alle ihnen zustehenden Exklusivrechte auch selbst ausübten. Die bei der GEMA lizenzierten Tonträger waren dank des Erschöpfungsprinzips (§ 17 Abs. 2 UrhG) frei verkehrsfähig. Die Verkaufsbedingungen legte der Tonträgerhersteller (die Plattenfirma) gegenüber dem Handel autonom fest und zahlte einen Prozentsatz auf den Abgabepreis an den Handel (bei der Lizenzierung physischer Produkte ist es dabei bis heute geblieben).

In dieser Zeit sahen die Tonträgerhersteller die GVL als den Ort, der sich um die „Zweitverwertung" kümmerte. Die Zweitverwertung war wirtschaftlich im Verhältnis zur Erstverwertung nicht wichtig genug, um sich um Details allzu große Sorgen zu machen.[6] Das über sie erwirtschaftete Geld war „gutes Geld", weil sich die Labels nicht darum kümmern mussten. Und es kam aus einer Quelle, zu der es damals in den USA und an vielen anderen Orten der Welt keine Entsprechung gab.

III. Das Verhältnis zwischen kollektiver und individueller Rechtewahrnehmung im Zeichen eines gewandelten Marktes

Keine der gerade beschriebenen Voraussetzungen ist nach der medialen Zeitenwende mehr allgemein gültig. Mit dem Aufkommen der Online-Rechte haben die Musikverlage ihre Position neu definiert und beanspruchen individuelle Steuerung, die sie letztlich nur außerhalb der kollektiven Rechtewahrnehmung durchsetzen können. Dass Online-Rechte nicht der Erschöpfung (analog § 17 Abs. 2 UrhG) unterliegen, hilft ihnen dabei ebenso wie die Tatsache, dass § 42a UrhG auf Online- und Mobilnutzungen nicht anwendbar ist. Damit konkurrieren Musikverlage nicht nur mit der GEMA, sondern auch mit den Tonträgerherstellern um die Definition und die Auswertungshoheit der neuen Online- und mobilen Märkte. Dies verstärkt den Druck auf die Tonträgerhersteller, aus den eigenen nichtphysischen Verwertungsmöglichkeiten ein Optimum an Ertrag zu erwirtschaften.

Zugleich ist längst nicht mehr jede „Plattenfirma" auch „Tonträgerhersteller". Heute sind es gerade bei den erfolgreichsten Produktionen fast durchweg die Künstler selbst, die das wirtschaftliche Risiko für die Aufnahme übernommen und damit eigene Tonträgerherstellerrechte erworben haben. Bandübernahme- und Vertriebsverträge mit bedeutenden Bands oder den von diesen Bands gegrün-

6 Instruktiv zur damaligen Sichtweise: *Dünnwald*, GVL, in: Handbuch der Musikwirtschaft, 4. Aufl. 1997, 680 f.

deten Firmen sind heute nicht mehr die Ausnahme, sondern (fast) die Regel.[7] In vielen Fällen sind heute die Plattenfirmen Lizenznehmer ihrer Künstler auch hinsichtlich der Tonträgerherstellerrechte.

Bei einem stark rückläufigen Markt für die Erstverwertung rückt für die Tonträgerunternehmen die Zweitverwertung (über Vergütungsansprüche) von Tonträgermusik in den Mittelpunkt des Interesses.[8] Das einstige Zubrot wird immer mehr zu einer Ertragsquelle, auf die ein Tonträgerunternehmen nicht mehr verzichten will, und dessen Ertragskraft strategisch ausgebaut werden soll.

Im Onlinebereich – anders als im traditionellen Geschäft mit CDs – stellt sich für die Tonträgerunternehmen zugleich bei jeder neuen Nutzungsform (hier sei bewusst der terminus technicus Nutzungsart vermieden) erneut die Frage, ob und inwieweit sie dafür exklusive Rechte beanspruchen können, die individuell ausübbar sind.

Damit entstehen fast notwendig Abgrenzungsprobleme zwischen Tonträgerunternehmen und GVL. Und da auch die Sicht auf reine Rechtsfragen sich je nach persönlicher Interessenlage unterscheidet, ist es nicht verwunderlich, wenn in einer gemeinsam von Tonträgerherstellern und Künstlern betriebenen Verwertungsgesellschaft inzwischen die Bestimmung der „GVL-Außengrenze" auch intern heiß diskutiert wird.

All dies muss man berücksichtigen, wenn man heute über „die Tonträgerhersteller und die GVL" schreiben will. Und dies sind nur die Entwicklungen innerhalb Deutschlands. Die Globalisierung hat nicht vor dem Musikmarkt halt gemacht. Natürlich nicht, möchte man sagen, denn er ist prädestiniert zum internationalen Markt. Überall sind – unterstützt durch die Rechtsharmonisierung der EU – erfolgreiche Nachahmer der GVL auf den Plan getreten, so dass sich die GVL nun in den internationalen Firmenzentralen der Majors an den Ergebnissen ihrer Schwesterorganisationen anderen Märkten messen lassen muss.

Gerade die deutschen Tochterunternehmen der internationalen Firmen unter den Tonträgerherstellern sehen sich seit vielen Jahren einer immer stärkeren Einbindung in internationale Verwertungsstrukturen ausgesetzt. Auswertungsstrategien und grundsätzliche Sichtweisen werden längst nicht mehr ausschließlich in Deutschland bestimmt. Online-Dienste fordern nun einmal international gültige Lizenzen.[9] All dies führt zu Situationen, die wahrscheinlich noch nicht einmal

---

7 Allgemein dazu: *Moser/Scheuermann*, Künstler-, Produzenten- und Bandübernahmeverträge, in: Handbuch der Musikwirtschaft, 6. Aufl. 2003, S. 1091 ff.

8 Illustrativ dazu: Jahreswirtschaftsbericht 2009 des BVMI vom 24. März 2010, abrufbar unter http://www.musikindustrie.de/jwb_umsatz09/ ; abgedruckt in: Musikindustrie in Zahlen 2009, Hrsg. Bundesverband Musikindustrie 2010.

9 Wobei gerade die Verwertungsgesellschaften der Musik-Leistungsschutz-Rechteinhaber hinsichtlich des zentralen Zugangs zu EU-weiten Lizenzen mit ihrem „Simulcasting Agreement" ein bis heute wegweisendes Modell entwickelt haben, das – anders als die Modelle anderer Rechteinhaber – auch der Prüfung durch die EU-Kommission standhielt; siehe Entscheidung der Kommission vom 8. Oktober 2002 in einem Verfahren nach Artikel 81 EG-Vertrag und Artikel 53 EWR-Ab-

vorstellbar waren, als der Gesetzgeber die Grundlagen definierte, auf denen die GVL vertraglich die Struktur errichtet hat, in der sie bis heute erfolgreich operiert.

Um mit dem Thema des Beitrags ein wenig zu spielen: Betrachtet man einmal eine der deutschen „Mega-Bands“. Eine solche Band unterhält heute nicht nur ein eigenes Management, sondern regelmäßig ein eigenes Label und einen eigenen Musikverlag. Alle neuen Alben werden im eigenen Label produziert und im Wege von Bandübernahme- oder Vertriebsverträgen auf Zeit an Plattenfirmen vergeben, was die klassischen physischen Auswertungsformen betrifft, gar nicht zu reden von der Online-Verwertung.

Wie sieht eine solche erfolgreiche Band die GVL? Ist es die Sicht von Künstlern oder die eines Tonträgerherstellers?

Meines Erachtens lässt sich diese Frage kaum seriös beantworten. Solche Bands denken nicht mehr in Kategorien von Künstler – Label oder Komponist – Verlag. Sie sehen sich in einer Position, die es ihnen erlaubt, einheitlich alle Aspekte ihrer künstlerischen und wirtschaftlichen Existenz selbst zu bestimmen.

IV. Gründe für den Wandel

Über Jahrzehnte war das Verhältnis zwischen der verschiedenen Beteiligten am Musikmarkt, also Musikurhebern, ausübenden Künstlern, Musikverlagen, Tonträgerherstellern und den Verwertungsgesellschaften auf gewissen Grundannahmen gestützt, die zunehmend an Bedeutung verlieren. Damals bestand der am deutlichsten sichtbare Interessengegensatz zwischen (originären) Rechteinhabern (Musikautoren, ausübenden Künstlern) und deren Mittlern (Musikverlagen, Tonträgerherstellern) auf der einen Seite gegenüber Nutzern auf der anderen. Und außerdem sahen die Marktteilnehmer sämtlich ihr Geschäft als im Wesentlichen national an, mit den unter dem Schutz (und den Bindungen) des Urheberrechtswahrnehmungsgesetztes (UrhWG) stehenden Verwertungsgesellschaften als Bollwerk.

An die Stelle dieses traditionellen Interessengefüges treten inzwischen folgende Gegensatzpaare:

- Große Marktteilnehmer haben andere Interessen als kleine. Große Musikverlage, große Plattenfirmen und große Künstler bzw. Autoren haben mehr Interessen gemein als ein großer Künstler und ein kleiner Künstler, ein großer Autor und ein kleiner Autor, die große Plattenfirma und die kleine usw.
- Die Interessen derer, deren Werke und Leistungen im Wesentlichen nur in Deutschland verwertet werden (können), unterscheiden sich zunehmend von denen, die international verwertet werden, sei es dadurch, dass deutsche Rechte-

kommen (Sache COMP/C2/38.014 – IFPI Simulcasting) Aktenzeichen K(2002) 3639, ABl. L 107 v. 30. 4. 2003, 58; siehe ferner die in Fn. 2 genannte Empfehlung der Kommission.

inhaber ihr eigenes Repertoire international vermarkten oder sei es dadurch, dass internationale Rechteinhaber Einfluss auf die Gestaltung des deutschen Marktes beanspruchen.

All dies vereinfacht die komplexe Situation natürlich stark, zeigt aber vielleicht doch, wohin die Entwicklung geht. Hinzu kommen weitere Interessengefüge innerhalb der Gruppe der Künstler und der Tonträgerhersteller, die darzustellen den hier zur Verfügung stehenden Rahmen sprengen würden.

Durch diese Entwicklungen, die häufig noch mit dem überall zu beobachtenden Generationswechsel einhergehen, wird das in Deutschland praktizierte System der Verwertungsgesellschaften zunehmend vor Herausforderungen gestellt, die es bis zur Grenze der Belastbarkeit anspannen, und zwar durch interne Interessengegensätze ebenso wie durch externe Herausforderungen.

Eine Tendenz zur Entsolidarisierung ist dabei ebenso zu beobachten wie die Suche nach Modellen, die die Vorteile einer individuellen mit denen einer kollektiven Rechtewahrnehmung zu verbinden suchen. Zugleich scheinen die kleineren Marktteilnehmer um eine Beibehaltung des traditionellen Systems der kollektiven Rechtewahrnehmung zu kämpfen, denn an einer funktionsfähigen GEMA z.B. hat nicht nur ein „kleiner" Urheber, sondern auch ein kleiner Musikverlag oder ein kleiner Musiknutzer unmittelbares Interesse.

All dies hat selbstverständlich auch vor den Toren der GVL nicht Halt gemacht. Um sich die Situation zu verdeutlichen und nicht immer das etwas schiefe Bild einer Ehe zu bemühen, die in die Krise sei, kann man die GVL möglicherweise mit einer wertvollen Gewerbeimmobilie vergleichen, die von zwei Geschwistern aufgebaut wurde, nach deren Tod nun zwei große Erbengemeinschaften um die Richtung streiten. Sollen die Verträge mit den Gewerbemietern verlängert oder gekündigt werden, soll die Miete erhöht oder verringert, sollen die Gebäude aufgestockt oder abgerissen und neu gebaut werden. All dies sind Fragen, wie sie sich im Moment in ähnlicher Form der GVL auch stellen.

V. Ein Ausblick

Den kleinsten gemeinsamen Nenner bilden die gesetzlichen Rahmenbedingungen, denn durch sie sind die Künstler und Tonträgerhersteller in der GVL vor allem zusammengespannt.

Da ist zunächst als der absolut zentrale Teil der GVL-Rechtewahrnehmung, der Vergütungsanspruch für öffentliche Wiedergabe und Sendung von Tonträgermusik (§ 78 Abs. 2 UrhG). Nach dem gegenwärtig geltenden Recht führt nun einmal kein Weg an der Tatsache vorbei, dass nur die ausübenden Künstler über den Vergütungsanspruch verfügen. Die Tonträgerhersteller sind an deren Anspruch gem. § 86 UrhG lediglich beteiligt. Dies erzeugt einen erheblichen Einigungsdruck.

Zugleich aber stellt sich die Frage, was geschähe, wenn die Tonträgerhersteller einen autonomen Vergütungsanspruch neben dem der Künstler erhielten. So ist es ja immerhin schon bei den Vergütungsansprüchen hinsichtlich der Schrankennutzungen gem. §§ 44a bis 63a UrhG, welche Tonträgerherstellern und ausübenden Künstlern nebeneinander zustehen. Welche praktischen Auswirkungen eine Trennung der Berechtigungsgrundlage auch bei den Vergütungsansprüchen für Sendung und öffentliche Wiedergabe hätte, lässt sich schwer absehen.

Immerhin aber lohnt es sich zu vergegenwärtigen, dass alle diese Ansprüche sich jeweils auf einheitliche Aufnahmen beziehen. Jedenfalls die Nutzerseite weist darauf hin, dass es für den Wert einer Tonträger-Nutzung kaum darauf ankommen kann, in welcher Weise die verschiedenen Beteiligten hinter dem Vergütungsanspruch organisiert sind. Genutzt wird eine einzige Aufnahme. Warum sollte sie nicht einheitlich lizenziert werden?

Man kann einem großen Unternehmen keinen Vorwurf daraus machen, dass es sich verhält wie ein großes Unternehmen, ebenso wenig einem kleinen, dass es seinen Interessen folgt. Und dass Künstler ihre ureigenen Interessen autonom vertreten, ist genauso selbstverständlich. Wenn man hier überhaupt von Vorwürfen sprechen will, gehen sie an die Adresse des Gesetzgebers: In einer selbstbewussten Demokratie sollte debattiert und entschieden werden, wie die Rahmenbedingungen auszusehen haben, in denen sich das Geschäft abspielt. Das gilt auch für das Geschäft der GVL.

§ 5 Musiknutzer und die GVL*

*Carl-Eugen Eberle***

Übersicht

Zum Jubiläum erwartet man Lob – umso schöner, wenn der Jubilar sich dieses auch ehrlich verdient hat! Musiknutzung im Fernsehen (einschließlich Fernsehen auf Abruf, dazu später), auf die sich dieser Beitrag beschränkt, ist ein wesentlicher Bestandteil fast aller audiovisuellen Produktionen. Dies gilt nicht nur für fiktionale Programme, bei denen die Musik eine besonders wichtige dramaturgische Funktion besitzt, sondern auch für viele andere Programmbeiträge bis hin zu Informationssendungen. Auch sie kommen vielfach nicht ohne musikalische Elemente aus. Dass die GVL insoweit zu einem unverzichtbaren Partner der Sendeunternehmen geworden ist, indem sie in der Form eines One-Stop-Shops ebenso effektiv wie zuverlässig die Rechte für die Musiknutzung im Programm bereitstellt, soll hier nicht nur in der Form einer *captatio benevolentiae* vorausgeschickt, sondern nachfolgend in einem ersten Teil auch näher beschrieben werden. Sodann gilt es aber auch, auf die aktuellen Probleme einzugehen, die im Zuge der Internetverbreitung der Programmangebote entstehen und auf die das Recht, aber auch die Beteiligten selbst in ihren Verhaltensweisen eine Antwort finden müssen. Auch hierbei sollte der GVL eine besondere Rolle zukommen.

I. Die GVL und ihr Beitrag zur gelebten Grundrechtsentfaltung

Angesichts des Stellenwerts der Musik für die Programmproduktion wird deutlich, wie wichtig ein effektiv organisierter Rechteerwerb für die Musiknutzung im Fernsehen ist. Hier erfüllt die GVL die ihr vom Gesetzgeber zugedachte Funktion

---

* Mein Dank gilt Herrn Peter Weber, Stellv. Justitiar des ZDF, für wertvolle Anregungen und Hinweise sowie Herrn Rechtsreferendar Martin Wedekind für die Mitwirkung bei der Zusammenstellung der Fußnoten.

** Prof. Dr., Justitiar des Zweiten Deutschen Fernsehens (ZDF).

als Verwertungsgesellschaft in vorbildlicher Weise. Entsprechend den gesetzlichen Vorgaben können auf Grund des zwischen der GVL und dem ZDF bestehenden Tonträgersendevertrages Tonträger, die einen GVL-Labelcode enthalten, nahezu einschränkungsfrei gesendet werden. Administrativ ist lediglich eine Musikmeldung zu erstellen. Für die Sendungen hält die GVL keine Rechte, sondern nur Vergütungsansprüche. Nutzungseinschränkungen ergeben sich daraus nicht.

Große Nutzungsvolumen stellen ein administratives Problem dar, wenn sie nicht über Verwertungsgesellschaften abgewickelt werden können. Dies ist schmerzlich bewusst geworden, solange hinsichtlich der Nutzung von Tonträgern in den Online-Angeboten des ZDF noch keine Vereinbarung mit der GVL bestand. Bekanntlich besteht derzeit gegenüber der Sendung von Produktionen, in die Tonträger eingeschnitten werden, kein Verbotsrecht, wohingegen die gleichen Produktionen, wenn sie zum Abruf bereitgestellt werden, einer individuellen Rechteklärung bedürfen.[1] Seinerzeit musste das ZDF die Tonträgerhersteller individuell kontaktieren und vergüten. Bis das ZDF in der Lage war, mit über 150 Tonträgerherstellern Online-Rahmenverträge über die Nutzung ihres Repertoires abzuschließen, konnten viele Tonträger nicht genutzt werden. Dies war insbesondere ein Problem für Redakteure von aktuellen Sendungen wie Reportagen und Magazinen, die wegen der Kurzfristigkeit ihrer Produktionen ein Ausweichen auf Auftragskompositionen aus Zeitgründen nicht in Betracht ziehen konnten. Deshalb kommt dem mit der GVL bestehenden Tonträgervertrag nicht nur eine erhebliche verwaltungspraktische Bedeutung zu. Er bietet vielmehr auch Gewähr dafür, dass Musiken nicht nur unter verwaltungstechnischen Aspekten – Rahmenvertrag mit dem Tonträgerhersteller vorhanden oder nicht? – für eine Produktion ausgesucht werden können. Vielmehr steht das gesamte, umfassende Repertoire der GVL zur Verfügung, so dass von der journalistischen Gestaltungsfreiheit in einem ungleich breiteren Spektrum Gebrauch gemacht werden kann. Ich halte diesen Gesichtspunkt für wichtig: Das der Einrichtung von Verwertungsgesellschaften zugrunde liegende Prinzip des durch Rahmenverträge vereinfachten Rechteerwerbs aus einer Hand ist nicht nur ein Element effektiven Rechtemanagements.[2] Vielmehr eröffnet es dem schöpferisch tätigen Redakteur den erleichterten Zugang zu einem großen Repertoire und trägt damit zu Produktionen bei, die der Vielfalt verpflichteten Qualitätsmaßstäben genügen. So gesehen stellen auch die Beziehungen zwischen dem Sender und den Verwertungsgesellschaften, hier speziell der GVL, eine Form realisierte Grundrechtsentfaltung, ein Stück gelebte Rundfunk- und Medienfreiheit, dar.

In der Praxis spielen auch jüngste Entwicklungen eine wichtige Rolle, die Verfügbarkeit und Auswahlmöglichkeiten in Bezug auf das Musikrepertoire für die Musiknutzer durch digitale Formen der Bemusterung zu erhöhen. Derzeit wird z. B. das ZDF aufgrund einer Vereinbarung mit dem Bundesverband Musikindustrie (BVMI) gegen eine jährliche Pauschalvergütung laufend mit Neuveröffentlichun-

1 Fromm/Nordemann – J. B. *Nordemann* Urheberrecht (10. Aufl. 2008), § 92 UrhG Rn. 34.
2 Dreier/Schulze – *Schulze* UrhG (3. Aufl. 2008), vor § 1 UrhWG Rn. 4.

gen von BVMI-Mitgliedern bemustert. Die Bemusterung erfolgt derzeit noch physisch, soll jedoch künftig in digitaler Form erfolgen. Eine entsprechende Vereinbarung steht kurz vor dem Abschluss. Durch die Bemusterungsvereinbarung können zeitgemäß Tonträger neu in das digitale Audioarchiv aufgenommen werden, die den Redakteuren dann elektronisch zur Verfügung stehen. Auch das sollte der Qualität der Produktionen insgesamt zugute kommen.

Bei dieser Gelegenheit will ich aber auch auf weitere Verbesserungsmöglichkeiten hinweisen. So wäre es wünschenswert, wenn Soundtracks, die mit großem Orchester eingespielt werden, nicht dem Klassik-Genre zugerechnet würden, das im Bemusterungsvertrag ausgenommen ist. Außerdem ist die Bemusterungsvereinbarung auf BVMI-Mitglieder beschränkt, so dass Musiken von Nicht-Mitgliedern – zu ihnen zählen leider auch einige Majors – nicht über diese Vereinbarung bemustert werden. Aber was nicht ist, kann ja noch werden!

II. Musiknutzung für Fernseh-Programmangebote im Internet

Es gibt jedoch auch einige Probleme, die bei der Musiknutzung von Fernsehproduktionen auftreten, wenn die Produktionen zur Nutzung im Internet Verwendung finden sollen. Dabei sind zwei Fallkonstellationen zu unterscheiden.

1. Integrale Weitersendung von Fernsehprogrammen im Internet

Aufgrund der rasch fortschreitenden technischen Entwicklung erweist sich das Internet zunehmend als ein weiterer Verbreitungsweg für lineare Fernsehprogramme, der neben Satelliten-, Kabel- und terrestrische Verbreitung tritt. Damit ist nicht die – oftmals als IPTV bezeichnete – Verbreitung über breitbandige DSL-Einrichtungen gemeint, die über die Telefonleitung realisiert und zumeist in der Form des Triple Play als gebündeltes Diensteangebot von Fernsehen, Internet und Telefonie von Telekommunikationsunternehmen vermarktet wird. Gedacht ist hier vielmehr an die zeitgleiche, vollständige und unveränderte Weitersendung von linearen Fernsehprogrammen über das Internet, wie es zunehmend Verbreitung findet.

Hier wird derzeit insbesondere von amerikanischen Majors angezweifelt, ob eine solche internetbasierte Weitersendung vom Senderecht in Verbindung mit dem Kabelweitersenderecht gedeckt ist.[3] Sie haben dabei eine erste Unterstützung durch das LG Hamburg erfahren, das im Wege einer einstweiligen Verfügung der Firma Zattoo die Weitersendung im Internet von Inhalten, für die Hollywood-Filmstudios die Rechte halten, untersagt hat.[4] Die Begründung des Gerichts überzeugt allerdings nicht.

---

3 Siehe auch Fromm/Nordemann – *Dustmann*, § 20b UrhG Rn. 13.
4 LG Hamburg, ZUM 2009, 582.

Dass der historische Gesetzgeber bei der Einführung von § 20b UrhG noch nicht an die internetbasierte Weitersendung gedacht habe,[5] sollte einer Auslegung der Vorschrift unter Berücksichtigung des Grundsatzes der Technologieneutralität nicht im Wege stehen. Dieser Grundsatz ist inzwischen für die Auslegung des Europäischen Rechts – die Gesetzesnovellierung diente seinerzeit der Umsetzung der Kabel- und Satellitenrichtlinie[6] – allgemein anerkannt. Seine Anwendung führt zu dem Schluss, dass die Annahme einer Kabelweitersendung nicht dadurch ausgeschlossen werden darf, dass die Verbreitung über Internet eine der herkömmlichen Kabelverbreitung vergleichbare Technologie nutzt, zumal wenn im Übrigen eine vergleichbare Erscheinungsform der Weitersendung vorliegt.[7] Das Argument, dass die dezentrale und offene Netzinfrastruktur des Internets einen potentiellen Verbreitungsgrad schafft, der über den des bestehenden und räumlich klar definierten Koaxialkabelnetzes weit hinausgeht,[8] übersieht, dass mit der Beschränkung des Empfangs im Wege der Geolocation auf das Gebiet der Bundesrepublik Deutschland dieses Potential klar begrenzt ist. Diese Beschränkung erfolgt somit in vergleichbarer Weise wie beim ersten Kabelglobalvertrag mit der seinerzeitigen Deutschen Bundespost. Dass sich das Gericht auch im internationalen Vergleich gewissermaßen ins Abseits stellt, belegt die Einschätzung in vielen anderen europäischen Ländern, wie sie insbesondere in einer Entscheidung des Österreichischen Obersten Gerichtshofs zum Ausdruck kommt, der im vergleichbaren Fall eine Kabelweitersendung angenommen hat.[9]

Unterliegt diese Art des Internet-Fernsehens als Kabelweitersendung somit der Regelung des § 20 b UrhG, dann würde die Rechteeinräumung nach Maßgabe eines Globalvertrags bewirkt, wie er von der Gemeinschaft der Rechteinhaber unter Einschluss der GVL in der Regel den Kabelunternehmen angeboten wird. Die unsichere Rechtslage hat nun aber dazu geführt, dass alle in der Münchner Gruppe zusammengefassten Rechteinhaber (Sendeanstalten, Verwertungsgesellschaften) zum Abschluss eines entsprechenden Globalvertrages bereit sind, lediglich die GVL (und die AGICOA hinsichtlich eines Teilrepertoires) sieht sich nicht in der Lage, an einem solchen Vertrag mitzuwirken. Dies ist aus mehreren Gründen zu bedauern. Zum einen wird auf diese Weise die bislang einheitliche urheberrechtliche Einschätzung der Rechteinhaber zu neueren technologischen Entwicklungen aufgekündigt mit der Folge, dass ein Stück Rechtssicherheit verloren geht. Zum anderen wird dadurch die internetbasierte Fernsehverbreitung behindert und damit allen Rechteinhabern Nutzungsmöglichkeiten mit der damit verbundenen finanziellen Abgeltung erschwert. Schließlich wird auch eine besonders nutzerfreundliche und gerade bei einem jüngeren Publikum beliebte Verbreitungsform für Fernsehprogramme torpediert und damit zugleich der Funktionsauftrag der Rundfunkanstal-

---

5 Fromm/Nordemann – *Dustmann*, § 20 b UrhG Rn. 13.
6 Schricker/Loewenheim – *v. Ungern-Sternberg* Urheberrecht (4. Aufl. 2010), § 20 b UrhG Rn. 1 m. w. N.
7 LG Köln, ZUM 2005, 574; a. A. Schricker/Loewenheim – *v. Ungern-Sternberg*, § 20b UrhG Rn. 8 i. V. m. § 20 UrhG Rn. 45.
8 LG Hamburg, ZUM 2009, 582, 586.
9 OGH v. 13. 11. 2001 – 40b182/01w.

ten beeinträchtigt. Es ist zu hoffen, dass die Fehleinschätzung des LG Hamburg im Rechtsmittelverfahren bald eine Korrektur erfährt. Abgesehen davon sind allerdings auch Bemühungen zu unterstützten, das europäische Recht ebenso wie das nationale Recht entsprechend dem Grundsatz der Technologieneutralität an dieser Stelle fortzuschreiben und mögliche Defizite oder Unklarheiten in den Regelungen zu beseitigen. Entsprechende Überlegungen und Vorschläge hat die Europäische Rundfunkunion EBU, ein Zusammenschluss der europäischen öffentlich-rechtlichen Rundfunkanstalten, auch der Europäischen Kommission in Brüssel im Rahmen der Überlegungen zur Fortschreibung der Kabel- und Satellitenrichtlinie vorgestellt. Sie wurden im Übrigen auch als Reformbedarf im Rahmen der Diskussion zu einem „3. Korb“ der Reform des deutschen Urheberrechts gegenüber dem Bundesjustizministerium formuliert.[10]

2. Nicht-lineare Fernsehverbreitung im Internet

Neben der integralen Programmverbreitung erfreuen sich heute vor allem nichtlineare Formen der Verbreitung von Fernsehsendungen im Internet besonderer Beliebtheit. Das Live-Streaming von Sendungen, die gleichzeitig zur Verbreitung über herkömmliche Empfangswege (Satellit, Kabel, Terrestrik) und über das Internet ausgesendet werden, stellt eine lineare Form der Verbreitung dar.[11] Diese Verbreitungsform – die dem Senderecht zuzuordnen ist – wird gerne für die Übertragung besonderer Events, vor allem aus dem Bereich des Sports, gewählt. Bedeutsamer im hier behandelten Zusammenhang ist dagegen die Bereitstellung von Sendungen zum Abruf in der Form z. B. der ZDF-Mediathek. Hier hat der Nutzer die Möglichkeit, eine Sendung, die er verpasst hat oder die er nochmals sehen möchte, über das ZDF-Portal abzurufen. Die Programminhalte werden auf diese Weise vom zeitlichen Korsett der linearen Programmgestaltung befreit und stehen dem Zuschauer für eine zeitsouveräne Fernsehnutzung in der Form des „Fernsehens auf Abruf“ zur Verfügung. Sendungen aus der Mediathek sind es auch, die in relevantem Maße Musiknutzung enthalten.

In der Praxis ergaben sich beim Rechteerwerb für das „Fernsehen auf Abruf“ und speziell für den Rechteerwerb zur Musiknutzung erhebliche Probleme. Sie hängen damit zusammen, dass der Abruf von Fernsehbeiträgen aus der Mediathek nicht als Fernsehsendung und damit das zu erwerbende Recht nicht dem Senderecht zugeordnet wird, sondern dem Recht der öffentlichen Zugänglichmachung, das jeweils gesondert zu erwerben ist.[12] Damit wird ein Nutzungsvorgang, der sich aus der Sicht der Zuschauer vergleichsweise einheitlich darstellt, rechtlich zwei unterschiedlichen Nutzungskategorien zugeschlagen. Für den Zuschauer ist Fernsehen auf Abruf eine konsequente, mit dem Fernsehkonsum verknüpfte, der technologi-

---

10 ARD/ZDF-Stellungnahme zum Konsultationspapier der Bundesregierung zur Prüfung des Weiteren gesetzgeberischen Handlungsbedarfs im Bereich des Urheberrechts, S. 5 ff.

11 Fromm/Nordemann – *Dustmann*, § 20 UrhG Rn. 13 ff.

12 Dreier/Schulze – *Dreier*, § 20 UrhG Rn. 13.

schen Fortentwicklung zu verdankende Weiterentwicklung des Fernsehens: Schon bisher konnte er sich aufgrund privater eigener Aufzeichnung den linearen Strukturen des Fernsehprogramms entziehen. Dies wird ihm nun erleichtert, indem er die Aufzeichnung nicht mehr selbst veranlassen muss, sondern auf eine vom Sender veranlasste Aufzeichnung zurückgreifen kann.

Rechtemäßig hat die unterschiedliche Kategorisierung der beiden real vergleichbaren Nutzungsvorgänge erhebliche Konsequenzen: Die lineare Programmveranstaltung wird durch das Senderecht gedeckt, für die Mediathekennutzung ist der Erwerb des Rechts der öffentlichen Zugänglichmachung erforderlich.[13] Im Gegensatz zur Regelung der Vergütungsansprüche für die Sendung ist der Erwerb des Rechts der öffentlichen Zugänglichmachung speziell im Bereich der Tonträgernutzung oftmals mit großen praktischen Schwierigkeiten verbunden gewesen. Zahlreiche Tonträgerhersteller, darunter auch marktstarke Unternehmen, hatten für ihre Musiken zunächst eine kollektive Rechtewahrnehmung für das Recht der öffentlichen Zugänglichmachung durch die GVL verweigert. Das hatte zur Folge, dass das GVL-Repertoire zur Nutzung im Abruffernsehen diese Titel nicht umfasste und entsprechende Rechte nur im Wege individueller vertraglicher Vereinbarung erworben werden konnten.[14] Insoweit zeichnete sich für das Massengeschäft, wie es für die Tonträgernutzung typisch ist, eine schwierige Entwicklung ab. Seinerzeit hatte das ZDF mit einer Vielzahl in- und ausländischer Tonträgerhersteller Vertragsverhandlungen aufgenommen, doch nur mit einem Teil von ihnen konnten Rahmenvereinbarungen über die Nutzung ihres Musikangebots in den Onlineangeboten abgeschlossen werden. Wenn dann noch hinzukommt, dass die Tonträgernutzung häufig nur als Hintergrundmusik für eine audiovisuelle Produktion erfolgt, eine Nicht-Einigung über den Rechteerwerb aber die Nutzung der gesamten Produktion gefährdet, wird ersichtlich, welche unbefriedigenden Misslichkeiten mit dieser Entwicklung verbunden waren.

Deshalb ist es sehr zu begrüßen, dass zum 1. Januar 2009 eine Vereinbarung zwischen ZDF und GVL über die Tonträgernutzung im Abruffernsehen abgeschlossen werden konnte. Diese Vereinbarung wurde vor allem dadurch aufgewertet, dass es der GVL gelungen war, die meisten Tonträgerhersteller dazu zu bewegen, ihre entsprechenden Rechte in die GVL einzubringen. Damit steht jetzt ein großes Repertoire zur Verfügung und es bleibt nur zu wünschen, dass auch die wenigen verbliebenen Außenseiter, darunter von den Majors lediglich noch Warner, ihre Rechte für die Musiknutzung ihrer Titel im Abruffernsehen bald in die GVL einbringen.

Ungeachtet dessen sollte de lege ferenda erwogen werden, die beschriebene, temporär durch eine begrenzte Verweildauer im Netz eingeschränkte Musiknutzung für das Fernsehen auf Abruf einem einheitlichen Rechtsrahmen unter dem Dach der öffentlichen Wiedergabe zuzuordnen. Dies gilt umso mehr, als der Einführung

---

13 Fromm/Nordemann – *Dustmann*, § 20 UrhG Rn. 2.
14 Fromm/Nordemann – *Dustmann*, § 19 a UrhG Rn. 33.

des Rechts der öffentlichen Zugänglichmachung im World Copyright Treaty und im World Performers und Phonogramm Treaty die Vorstellung zugrunde lag, dass die zunehmende Nutzung des Internets eine Distribution von Werkkopien auf physischen Trägermedien ersetzen würde.[15] Geht es aber nicht um die Online-Vermarktung von Werken, sondern um eine davon zu unterscheidende nachfolgende Nutzung in der Form des Fernsehens auf Abruf, dann sollten Sendungen und Sendungen auf Abruf – in Abgrenzung zum elektronischen Vertrieb – gleichbehandelt werden und dem gleichen Rechtsregime, nämlich dem Senderecht zugeordnet werden. Für die Rundfunkveranstalter ergäben sich für die Praxis so bedeutsame Folgen wie die Musiknutzung nach Maßgabe einer gesetzlichen Lizenz, verbunden mit der kollektiven Rechtevergütung über Verwertungsgesellschaften nach dem Modell des One-Stop-Shop. Darüber hinaus käme das Sendelandprinzip der Kabel- und Satellitenrichtlinie zur Anwendung anstelle europaweiter multiterritorialer Lizenzierungen. Finanzielle Einbußen für die Tonträgerhersteller müssten dadurch nicht eintreten, da die Ausweitung der Nutzung in der Form des Abruffernsehens sicherlich im Rahmen von Erwägungsgrund 17 der Kabel- und Satellitenrichtlinie Berücksichtigung finden kann. Nur am Rande sei erwähnt, dass dabei auch für Archivproduktionen eine angemessene Lösung gefunden werden sollte. Das gilt insbesondere für das in solchen Produktionen häufig verwendete Schnittmaterial, für das § 137l UrhG nicht gilt.

III. Schlussbemerkung

Der Rechteerwerb für die Musiknutzung über die GVL hat sich in der Vergangenheit in der Form einer langjährigen und erfolgreichen Zusammenarbeit außerordentlich bewährt. Auch aus Sicht der Abteilung Rechtemanagement im ZDF haben die Kolleginnen und Kollegen der GVL auf Anfragen stets freundlich und kompetent weitergeholfen haben. Für die Zukunft bleibt zu wünschen, dass das bewährte System der kollektiven Rechtewahrnehmung, wie es für die Musiknutzung im Fernsehen gilt, ausnahmslos auch auf die Nutzung im Wege des sendungsnahen Fernsehens auf Abruf erstreckt wird. Das mühsame Aushandeln von individuellen Rahmenvereinbarungen mit Außenseitern hätte dann ein Ende. Der technologische Fortschritt, der in der Konvergenz von Verbreitungsformen, Geräten und Nutzungsformen zum Ausdruck kommt, muss auch zu einer Rechtsfortentwicklung führen, die Rechteinhabern und Verwertern gleichermaßen Vorteile bringt. Hierfür sollten sich alle gemeinsam einsetzen.

---

15 Fromm/Nordemann – *Dustmann*, § 19a UrhG Rn. 3 m.w.N.

§ 6 Kulturelle Förderung und die GVL: Kulturelle Identitäten stärken

*Christian Höppner**

Übersicht

I. Kulturelle Förderung als Garant kultureller Vielfalt

„Europa eine Seele geben" formulierte einst Jaques Delors als zentrales Ziel für Politik und Zivilgesellschaft. Er unterstrich damit die zentrale Rolle der Kultur für das Zusammenwachsen von Europa.

Die europäische Kulturpolitik hat bei weitem noch nicht die gesellschaftspolitische Wirkungskraft, die sie angesichts der Herausforderungen und Perspektiven im Zusammenwachsen von Europa entwickeln müsste. Dabei wäre eine europäische Kulturpolitik, die Kulturpolitik als Teil einer Gesellschaftspolitik und den Schutz und die Förderung der kulturellen Vielfalt als Querschnittsaufgabe versteht, der Schlüssel für ein Europa. Die Tatsache, dass die Idee der Europäischen Union aus der Europäischen Wirtschaftsgemeinschaft (EWG) hervorging, kann heute kein schlagendes Argument für die Dominanz einer wirtschaftlichen Interessenpolitik mehr sein. So wichtig Wettbewerbsfähigkeit auf den Weltmärkten ist, so unerlässlich sind dazu die kulturellen Voraussetzungen. Wirtschaftliche Prosperität weist einen unmittelbaren Bezug zu dem Zusammenspiel der Kulturen auf – im fortschreitenden Prozess der Globalisierung mehr denn je. Dieses Zusammenspiel, das mehr als den Dialog der Kulturen umfasst, setzt die Vielfalt kultureller Identitäten voraus. Der Leitsatz des 2. Berliner Appells des Deutschen Musikrates – „Wer das je Eigene nicht kennt, kann das je Andere nicht erkennen, geschweige denn schätzen lernen" – beschreibt den Zusammenhang zwischen

* Generalsekretär des Deutschen Musikrates, Vizepräsident des Europäischen Musikrates und Vizepräsident des Deutschen Kulturrates.

Identitätsbildung und Öffnung gegenüber dem Anderen. Kulturelle Identitäten zu stärken, um aus einer selbstbewussten Position das Andere überhaupt erkennen zu können, gehört zu den Kernaufgaben von Staat und Zivilgesellschaft und ist die Voraussetzung, kulturelle Vielfalt als ein Fundament gesellschaftlicher Entwicklung zu erkennen. Jeder Mensch ist mit seiner kulturellen Identität Teil der kulturellen Vielfalt. Ohne deren Schutz und Förderung vor Ort wird ein Europa der *Einheit durch Vielfalt* – und damit auch eine europäische Identität – keine Chance haben. Europa entsteht vor Ort.

II. UNESCO-Konvention zum Schutz und zur Förderung der Vielfalt kultureller Ausdrucksformen

Die Europäische Union hat als Staatengemeinschaft die *UNESCO-Konvention zum Schutz und zur Förderung der Vielfalt kultureller Ausdrucksformen*, ebenso wie über 100 Mitgliedsstaaten, darunter auch die Bundesrepublik Deutschland, ratifiziert. Genese und Ratifizierungsprozesse der inzwischen völkerrechtlich verbindlichen Konvention sind in einem beispiellos kurzen Zeitraum abgelaufen, was für den Handlungsbedarf in diesem Feld und für das erwartete Wirkungspotential der Konvention spricht. Auslöser waren die insbesondere von den USA über die Welthandelsorganisation (WTO) forcierten Liberalisierungsbestrebungen auf den Weltmärkten und die Auseinandersetzung um das GATS-Abkommen. Die neuen rechtlichen Regelungen hätten die Reduzierung von Kultur auf ihren Warencharakter zur Folge gehabt. Mit Inkrafttreten dieser Konvention ist der Doppelcharakter von Kultur als Kulturgut und Wirtschaftsgut abgesichert und die Eigenständigkeit nationaler Kulturpolitik in Einklang mit internationalen Handelsabkommen gebracht worden. Zudem wurden die nationalen Ratifizierungsprozesse von der Erkenntnis beflügelt, dass weltweit ein Rückgang von kultureller Vielfalt zu beobachten ist, kulturelle Vielfalt ein Standortfaktor im globalen Wettbewerb ist und die entscheidende Voraussetzung für eine eigenständige nationale Kulturpolitik darstellt. Andererseits dominiert vor dem Hintergrund von GATS und der Lissabonstrategie die insbesondere von der EU-Kommission forcierte Wettbewerbsidee. Der Doppelcharakter von Kultur würde verloren gehen, wenn Kultur ausschließlich als Wirtschaftsgut behandelt würde.

Insofern gilt es, jene Kraftfelder zu stärken, die die kulturelle Vielfalt schützen und fördern. Dazu gehören in Deutschland auch die Verwertungsgesellschaften, die neben ihrer kollektiven Rechtewahrnehmung für die Urheber bzw. Interpreten soziale und kulturelle Aufgaben wahrnehmen.

Deshalb lässt sich die Arbeit der Verwertungsgesellschaften nicht auf wettbewerbsrechtliche Gesichtspunkte reduzieren.

III. Kulturförderung durch die GVL

1. Hintergründe

Die „Gesellschaft zur Verwertung von Leistungsschutzrechten" (GVL) schüttet bis zu 5% der für die Verteilung zur Verfügung stehenden Vergütungen für kulturelle, kulturpolitische und soziale Zwecke aus. Sie erfüllt somit nicht nur den Geist und Buchstaben des Urheberrechtswahrnehmungsgesetzes §§ 7 und 8, sondern erfüllt damit auch eine öffentliche Aufgabe. Berechtigtenversammlung, Gesellschafter, Beirat und Geschäftsführung tragen gemeinsam Verantwortung für Entscheidungen, die im öffentlichen Interesse liegen und dem Gemeinwohl zu Gute kommen. Diese Verantwortungsgemeinschaft gibt damit der Gesellschaft etwas an weiterführenden Impulsen und Förderung zurück, was das öffentliche Interesse an einem lebendigen Kulturleben ermöglicht hat. Deshalb hat das Europäische Parlament die kultur- und gesellschaftspolitischen Tätigkeiten der Verwertungsgesellschaften als einen Beitrag zur Förderung der kulturellen Vielfalt bezeichnet. Dieses Modell von Verantwortungsgemeinschaft steht beispielhaft für eine Kulturfinanzierung, die im Kern immer eine öffentliche Finanzierung sein muss, um die Freiheit der Künste und damit die demokratisch legitimierte Ressourcenverteilung nicht zu gefährden. Das zweite Standbein der öffentlichen Kulturfinanzierung ist das bürgerschaftliche Engagement. Jeder investierte Euro in das Wurzelwerk der organisierten Zivilgesellschaft im Kulturbereich kommt der Gesellschaft um ein Vielfaches zu Gute. Darüber hinaus erzeugt bürgerschaftliches Engagement bei den Beteiligten eine Identifizierung mit dem Aktionsfeld sowie unserer Gesellschaft, wie es keine finanzielle Investition alleine schaffen kann. Die öffentliche Aufgabe Kultur, zu der natürlich auch die Bildung gehört, wird auf dem Fundament einer aus Steuergeldern gespeisten Finanzierung darüber hinaus im Wesentlichen von dem bürgerschaftlichen Engagement, Spendern, Mäzenen und Verantwortungsgemeinschaften wie der GVL getragen.

2. Konkrete Fördermaßnahmen

So wurden in den vergangenen Jahren unter anderem die Initiative Musik gGmbH, die Jeunesses Musicales, die „SchoolTour" der Deutschen Phono-Akademie und etliche Projekte des Deutschen Musikrates durch die GVL gefördert. Das Musikinformationszentrum (MIZ) steht an der Spitze dieser Förderung, das für eine vorbildliche Informationsverarbeitung und Aufbereitung steht. Vor dem Hintergrund eines multimedialen Informationsoverkills gewinnen Orientierung und Dokumentation immer stärker an Bedeutung. Hier ist das MIZ nicht nur die erste Anlaufstelle, sondern auch ein Aushängeschild für das Musikland Deutschland. Die weiteren von der GVL geförderten Projekte stehen für die Förderung angehender Berufsmusiker und die Unterstützung der Zeitgenössischen Musik. Dazu gehören die Projekte *Deutscher Musikwettbewerb, Dirigentenforum, Bundesauswahl Konzer-*

te Junger Künstler, Bundesjazzorchester, Konzert des Deutschen Musikrates und die Edition Zeitgenössische Musik.

Mit diesen Zuwendungen erzeugt die GVL nicht nur ein Vielfaches an gesellschaftlichem Mehrwert, sondern sie leistet auch einen Beitrag zur kulturellen Vielfalt.

IV. Rahmenbedingungen für die kulturelle Vielfalt

Kulturelle Vielfalt umfasst das kulturelle Erbe, die zeitgenössischen künstlerischen Ausdrucksformen und die Kulturen anderer Länder in unserem Land. Kulturelle Vielfalt steht für die Summe kultureller Identitäten und beschreibt einen Prozess in der Entwicklung unterschiedlicher kultureller Ausdrucksformen. Kulturelle Vielfalt setzt kulturelle Teilhabe voraus.

Die Kulturelle Vielfalt verbindet sich mit zwei zentralen Merkmalen europäischer, nationaler und regionaler[1] Gesellschaftspolitiken:

1) **Kulturelle Vielfalt ist das zentrale Merkmal Europas im internationalen Vergleich.** Es gibt keinen gewichtigeren Faktor in der Profilbeschreibung Europas, als den der kulturellen Vielfalt. Dort wo das zarte Pflänzchen „Europäische Identität" auftaucht, ist diese Identität im Wesentlichen von der kulturellen Vielfalt geprägt.
2) **Kulturelle Vielfalt ist die einzige Gemeinsamkeit, die alle Länder Europas miteinander teilen. Sie stellt in der Schnittmenge der Gemeinsamkeiten ein Alleinstellungsmerkmal dar. Kulturelle Vielfalt ist das zentrale Bindemittel Europas.** Die kulturelle Vielfalt ist den Ländern Europas inhärent.

Die drei Grundsäulen[2] der UNESCO-Konvention zum Schutz und zur Förderung der Vielfalt kultureller Ausdrucksformen[3] sind eine Steilvorlage für die Kulturpolitik auf europäischer, nationaler und regionaler Ebene. Es gab bis zum Inkrafttreten dieser Konvention keine völkerrechtlich verbindliche Vereinbarung, die in dieser Eindeutigkeit kulturelle Vielfalt und die dazu notwendigen Rahmenbedingungen beschreibt.

So wichtig der öffentliche Anspruch an Verantwortungsgemeinschaften wie die GVL ist, so unverzichtbar ist der Schutz kreativen Schaffens. Am Anfang jeder kreativen Entwicklung steht der Urheber, dessen Leistung einzigartig ist. Ohne gesellschaftliche Wertschätzung des kreativen Schaffens wird es nicht möglich sein, adäquate Rahmenbedingungen – auch in rechtlicher und finanzieller Hinsicht – zu schaffen. Ohne Urheber kann es keine Kreativität geben.

---

1 Mit der regionalen Ebene sind die Bereiche unterhalb der nationalen Ebene gemeint.
2 Die drei Grundsäulen der UNESCO Konvention zum Schutz und zur Förderung Kultureller Vielfalt sind: Schutz und Förderung des kulturellen Erbes, der zeitgenössischen künstlerischen Ausdrucksformen (stilübergreifend, einschließlich der bekannten Jugendkulturen) und der Kulturen anderer Länder, vgl. dazu *Christian Höppner* in: Politik und Kultur, 3/2010.
3 Im Folgenden „Konvention Kulturelle Vielfalt" genannt.

Eine gesetzliche Pauschalierung zur Honorierung kreativer Leistungen ist nicht zielführend, weil sie sowohl der individuellen Leistung des einzelnen Urhebers als auch der individuellen Nutzung durch den einzelnen Konsumenten nicht gerecht wird. Deshalb ist die Weiterentwicklung individueller Verwertungssysteme, zu denen auch die Verwertungsgesellschaften gehören, unverzichtbar.

Das Ziel einer verbindlichen Normensetzung auf nationaler, europäischer und internationaler Ebene darf – und sei es in Etappen – nicht aufgeben werden. Die Politik ist gefordert, unter Einbeziehung der Zivilgesellschaft, Abstimmungsprozesse auf nationaler, europäischer und internationaler Ebene zur Verständigung auf verbindliche gemeinsame Normen zur Nutzung des Geistigen Eigentums einzuleiten. Nur durch harmonisierte Rahmenbedingungen für alle kann der Schutz des Urhebers – insbesondere im „world wide web“ – sichergestellt werden.

Eine Konstante in diesem Umbruchprozess ist aber das Individuum mit seiner Kreativität. Die kreativen Potentiale sind die entscheidenden Ressourcen im globalen Wettbewerb, die modernen Gesellschaften verbleiben. Sie sind unmittelbar mit den Fähigkeiten des Individuums verbunden. Kulturelle Bildung ist die Voraussetzung, um diese Potentiale auszuschöpfen und zu Fähigkeiten zu entwickeln. Im Sinne der Zielsetzung einer Wissens- und Kreativgesellschaft – gerade vor dem Hintergrund der Wirtschafts- und Finanzkrise – ist es erforderlich, die Prioritäten zu Gunsten der freien Entwicklung kreativer Potentiale neu zu setzen. Ohne die Förderung kreativer Potentiale im Verbund mit der Forderung nach dem verantwortungsvollen Umgang mit kreativen Leistungen kann das Regelwerk keine nachhaltige Wirkung entfalten.

Die Komplexität medialer Welten erfordert kulturelle Kompetenz. Medienkompetenz ist Teil kultureller Kompetenz. Kulturelle Kompetenz bedingt kulturelle Teilhabe. Kulturelle Teilhabe erfordert kulturelle Bildung.

Eine europäische Kulturpolitik wird nur dann Wirkungskraft erreichen, wenn es gelingt, die gesellschaftspolitische Dimension ihrer Aufgabenstellung deutlicher zu machen. Die Voraussetzungen dafür sind:

1. **Kulturpolitik als Querschnittsaufgabe** zu etablieren. Dazu bedarf es unter anderem einer viel stärkeren „Einmischung“ der Kulturpolitik in den Meinungsbildungsprozess zu gesellschaftlichen Herausforderungen wie Wandel der Arbeitswelt, Migration, demographischer Wandel, gesellschaftliche Auswirkungen der Digitalisierung.
2. Den **Schutz und die Förderung kultureller Vielfalt als Basis und Pflichtaufgabe** gesellschaftspolitischen Handelns zu begreifen.
3. Das **Bewusstsein für den Wert der Kreativität** zu stärken – unter anderem in der intensiveren Vernetzung mit den Entscheidungsträgern aus den damit verbundenen Bereichen in Politik, Kultur, Wirtschaft, Kirchen und Gesellschaft.
4. **Transparenz und Entbürokratisierung** bei den Förderverfahren voranzutreiben.

5. Die **Beteiligung der Zivilgesellschaft** auszubauen.
6. **Die Umsetzung der UNESCO Konvention Kulturelle Vielfalt** auf allen Ebenen kulturpolitischen Handelns einzufordern.

Die Vision von Jaques Delors, Europa eine Seele zu geben, beschreibt einen Prozess, der kein Ende kennt, sondern nur einen Anfang – jeden Tag auf ein Neues.

FSC
www.fsc.org
MIX
Papier | Fördert
gute Waldnutzung
FSC® C083411

Kolibri 360 GmbH
Ferdinand-Jühlke-Straße 7
99095 Erfurt, Deutschland
produktsicherheit@kolibri360.de